光辉的历程

新中国成立70年的成就与启示

任仲文 ◎ 主编

人民日报出版社
北京

图书在版编目（CIP）数据

光辉的历程：新中国成立 70 年的成就与启示 / 任仲文主编 . —北京：人民日报出版社，2019.8
ISBN 978-7-5115-4277-9

Ⅰ．①光… Ⅱ．①任… Ⅲ．①社会主义建设成就－中国 Ⅳ．① D619

中国版本图书馆 CIP 数据核字（2019）第 166715 号

书　　名：	光辉的历程：新中国成立 70 年的成就与启示
作　　者：	任仲文
出 版 人：	刘华新
责任编辑：	周海燕
封面设计：	墨航工作室
出版发行：	人民日报出版社
社　　址：	北京金台西路 2 号
邮政编码：	100733
发行热线：	（010）65369509　65369527　65369846　65363528
邮购热线：	（010）65369530　65363527
编辑热线：	（010）65369518
网　　址：	www.peopledailypress.com
经　　销：	新华书店
印　　刷：	大厂回族自治县彩虹印刷有限公司
开　　本：	710mm×1000mm　　1/16
字　　数：	260 千字
印　　张：	15.25
印　　次：	2019 年 9 月第 1 版　　2021 年 6 月第 8 次印刷
书　　号：	ISBN 978-7-5115-4277-9
定　　价：	58.00 元

目 录

上 编

壮丽 70 年·奋斗新时代
——光辉的历程 深刻的启示

不断创造伟大奇迹的光辉历程 …………………………… 003
中华民族伟大复兴展现出无比光明的前景 ……………… 008
绘就法治中国建设的宏大历史画卷 ……………………… 013
科学把握人口发展规律 促进新时代人口均衡发展 …… 018
守护良好生态环境这个最普惠的民生福祉 ……………… 026
不断开辟党的建设新境界 ………………………………… 031
中国道路在守正创新中越走越宽广 ……………………… 037
为建设科技强国打下坚实基础 …………………………… 042
指引新中国创造发展奇迹 ………………………………… 048
不断拓展中国特色社会主义法治道路 …………………… 053
不断推进国防和军队现代化建设 ………………………… 059
推动立法工作不断实现新发展 …………………………… 065
不断深化对社会主义建设规律的认识 …………………… 071
社会主义经济建设规律的艰辛探索 ……………………… 077
中国发展蕴含的工业化规律 ……………………………… 083
换了人间：新中国的最初岁月 …………………………… 089

下 编
壮丽70年·奋斗新时代
—— 伟大的成就　时代的辉煌

描绘好新时代江西改革发展新画卷 ………………………………… 099
  链接：《中国1分钟·江西篇》 ………………………………… 102
忠诚守初心　奋斗担使命 ………………………………………… 103
  链接：《中国1分钟·山西篇》 ………………………………… 106
加强改革创新　努力闯出新路 …………………………………… 107
  链接：《中国1分钟·安徽篇》 ………………………………… 110
向着新时代中原更加出彩扎实迈进 ……………………………… 111
  链接：《中国一分钟·河南篇》 ………………………………… 115
促进协调发展　激发创新活力 …………………………………… 116
  链接：《中国一分钟·湖北篇》 ………………………………… 120
继往开来新征程　重整行装再出发 ……………………………… 121
  链接：《中国一分钟·湖南篇》 ………………………………… 124
推动治蜀兴川再上新台阶 ………………………………………… 125
  链接：《中国一分钟·四川篇》 ………………………………… 129
夺取脱贫攻坚同步小康的全面胜利 ……………………………… 130
  链接：《中国一分钟·贵州篇》 ………………………………… 133
闯出一条跨越式发展的路子来 …………………………………… 134
  链接：《中国一分钟·云南篇》 ………………………………… 137
贯彻治边稳藏战略　建设美丽幸福家园 ………………………… 138
  链接：《中国一分钟·西藏篇》 ………………………………… 141
奋力开创壮美广西建设新局面 …………………………………… 142
  链接：《中国一分钟·广西篇》 ………………………………… 145

守望相助　建设祖国北疆亮丽风景线 …………………………… 146
　　链接：《中国一分钟·内蒙古篇》 ………………………… 150
践行"五个扎实"　奋力追赶超越 ……………………………… 151
　　链接：《中国一分钟·陕西篇》 …………………………… 154
不断开创富民兴陇新局面 ………………………………………… 155
　　链接：《中国一分钟·甘肃篇》 …………………………… 159
以扎扎实实的作风建设新青海 …………………………………… 160
　　链接：《中国一分钟·青海篇》 …………………………… 163
振奋精神　实干兴宁 ……………………………………………… 164
　　链接：《中国一分钟·宁夏篇》 …………………………… 167
牢记嘱托　实干担当　奋力开创重庆各项事业发展新局面 …… 168
　　链接：《中国一分钟·重庆篇》 …………………………… 171
推动新时代党的治疆方略落地生根 ……………………………… 172
　　链接：《中国一分钟·新疆篇》 …………………………… 175
谱写新时代维稳戍边新篇章 ……………………………………… 176
奋力谱写新时代首都发展新篇章 ………………………………… 180
　　链接：《中国一分钟·北京篇》 …………………………… 184
坚守初心使命　践行"三个着力" ……………………………… 185
　　链接：《中国一分钟·天津篇》 …………………………… 188
在新时代的"赶考"路上努力交出优异答卷 …………………… 189
　　链接：《中国一分钟·河北篇》 …………………………… 193
贯彻新理念　走出振兴发展新路 ………………………………… 194
　　链接：《中国一分钟·吉林篇》 …………………………… 197
扎实推进辽宁全面振兴全方位振兴 ……………………………… 198
　　链接：《中国一分钟·辽宁篇》 …………………………… 201
奋力开创黑龙江振兴发展新局面 ………………………………… 202
　　链接：《中国一分钟·黑龙江篇》 ………………………… 205

努力创造新时代上海发展新传奇 ······ 206
    链接：《中国一分钟·上海篇》 ······ 210
探索开启基本实现现代化新征程 ······ 211
    链接：《中国一分钟·江苏篇》 ······ 214
干在实处　走在前列　勇立潮头 ······ 215
    链接：《中国一分钟·浙江篇》 ······ 219
奋力建设机制活产业优百姓富生态美的新福建 ······ 220
    链接：《中国一分钟·福建篇》 ······ 223
奋进新时代　激发新动能　建设新山东 ······ 224
    链接：《中国一分钟·山东篇》 ······ 227
深化改革开放　推动高质量发展 ······ 228
    链接：《中国一分钟·广东篇》 ······ 231
争创新时代中国特色社会主义生动范例 ······ 232
    链接：《中国一分钟·海南篇》 ······ 236

上编

壮丽70年·奋斗新时代
——光辉的历程 深刻的启示

不断创造伟大奇迹的光辉历程

高翔

在人类历史长河中,70年弹指一挥间。1840年鸦片战争后的100多年里,中国频遭侵略和蹂躏之害、饱受战祸和动乱之苦。新中国成立以来的70年彻底改变了中华民族的前途命运,使中华民族走向伟大复兴。

70年,中国创造的奇迹有很多。这一个个奇迹极大改变了中国的面貌、中华民族的面貌、中国人民的面貌、中国共产党的面貌,汇聚成实现中华民族伟大复兴的盛大景象。

历史是最好的教科书。回望新中国70年不平凡的历程,我们能得到许多宝贵的历史启示,引导我们开启更为光辉的历程、创造更为伟大的奇迹。

1949年10月1日,毛泽东同志在天安门城楼上向全世界庄严宣告中华人民共和国成立。新中国的成立,标志着中华民族的浴火重生,开启了实现国家富强、民族振兴、人民幸福的伟大新征程。70年斗转星移、沧海桑田。回望历史,我们看到的是一条中华民族从独立到富强的复兴之路,是中国人民改天换地创造人间奇迹的辉煌之路。今天,我们行进在新时代,承载着历史的荣光,肩负着未来的希望。

光辉的历程

在人类历史长河中,70年弹指一挥间。1840年鸦片战争后的100多年里,中国频遭侵略和蹂躏之害、饱受战祸和动乱之苦。新中国成立以来

光辉的历程
——新中国成立70年的成就与启示

的70年是改变中华民族前途命运的70年,是沿着民族复兴之路奋勇前行的70年。新中国70年是史诗般的历史进程。在中国共产党领导下,我们筚路蓝缕,辟除榛莽,一路走来,走向辉煌,走向复兴。

实现民族独立、人民解放,是走向民族复兴的前提。中华人民共和国的成立,彻底结束了中华民族100多年的屈辱历史,实现了中国人民最迫切、最深沉的愿望,中华民族获得了历史性新生。从此,中国人民将命运牢牢掌握在自己手中。毛泽东同志自豪地宣告:"中国必须独立,中国必须解放,中国的事务必须由中国人民自己作主张,自己来处理,不容许任何帝国主义国家再有一丝一毫的干涉。"

新生的中华人民共和国,一穷二白、百废待兴。以毛泽东同志为主要代表的中国共产党人以宏大的历史气魄,开基创业,立纲立纪,确立了人民民主专政的国体,建立了人民代表大会制度的政体,进行了极富创造性的社会主义三大改造。社会主义基本制度的确立,实现了中国历史上最深刻最伟大的社会变革,新中国展现出旺盛的生命力和巨大的发展潜力,各项事业如火如荼。当然,我们也要看到,在人类历史上,伟大的社会进步从来都不会一蹴而就,希望与艰难共生,探索与曲折并存。新中国在发展过程中也曾遭遇一些严重挫折,但党在社会主义革命和建设中取得的独创性理论成果和巨大成就,为在新的历史时期开创中国特色社会主义提供了宝贵经验、理论准备、物质基础。

中国共产党人善于学习,勇于直面困难、挫折和失误。党的十一届三中全会以后,我们党深刻总结我国社会主义建设正反两方面经验,果断作出把党和国家工作中心转移到经济建设上来、实行改革开放的历史性决策,中国这艘巨轮再度扬帆远航,新中国的历史掀开了新的一页。改革开放后,以邓小平同志为主要代表的中国共产党人,成功开创了中国特色社会主义;以江泽民同志为主要代表的中国共产党人,成功将中国特色社会主义推向21世纪;以胡锦涛同志为主要代表的中国共产党人,成功在新的历史起点上坚持和发展了中国特色社会主义。

党的十八大以来，以习近平同志为核心的党中央，带领全党全国各族人民进行伟大斗争、建设伟大工程、推进伟大事业、实现伟大梦想，形成了习近平新时代中国特色社会主义思想。在以习近平同志为核心的党中央坚强领导下，党和国家事业取得历史性成就、发生历史性变革，中国特色社会主义进入了新时代。

伟大的奇迹

伟大的历史创造伟大的奇迹。新中国70年，我们创造了人类历史上前所未有的发展奇迹。

70年，我们创造了经济发展的伟大奇迹。中国经济发展的伟大奇迹，植根于新中国前30年艰苦卓绝的探索，得益于改革开放的伟大历史抉择。新中国成立后，我们在不长的时间里建立起独立的比较完整的工业体系和国民经济体系。改革开放后，对内改革、对外开放的全面展开，充分释放了中国经济的活力，创造了人类经济发展史上罕见的中国速度。2018年，我国国内生产总值为900309亿元，经济总量首次站上90万亿元的历史新台阶，稳居世界第二位。在推动经济发展的过程中，我们也经历了1997年亚洲金融危机、2008年国际金融危机等的严重冲击，但中国经济经受住了严峻考验，表现出极强的韧性。

70年，我们创造了民生改善的伟大奇迹。我们党始终把全心全意为人民服务作为自己的根本宗旨，坚持让人民群众共享经济发展、社会进步成果。经过70年不懈努力，人民生活水平从解决温饱到实现总体小康，正在迈向全面小康。1978年，我国农村贫困人口高达7.7亿人，到2018年我国农村贫困人口已下降到1660万人。特别是党的十八大以来，精准扶贫、精准脱贫力度之大、效果之彰，在人类历史上前所未有。中国还建成了世界上规模最大、覆盖人口最多的社会保障体系。截至2018年6月，我国基本养老保险、失业保险、工伤保险参保人数分别达到9.25亿、1.91亿、2.3亿。今天，广大人民群众过上了比以往任何时候都更加富足的生活。

70年，我们创造了科技进步的伟大奇迹。新中国70年，是创造科技进步奇迹的70年。在这70年中，我们形成了规模宏大的科技队伍，取得了一个又一个举世瞩目的科技成就。多复变函数论、陆相成油理论、人工合成牛胰岛素等成就，高温超导、中微子物理、量子反常霍尔效应、纳米科技等基础科学突破，"两弹一星"、超级杂交水稻、高性能计算机等工程技术成果，为我国经济社会发展提供了坚强支撑，也为我国成为一个有世界影响的大国奠定了重要基础。当前，大数据、云计算、人工智能等新技术推动数字经济、平台经济、共享经济井喷式发展。古老的中国，在新一轮科技革命浪潮中踏浪前行。

70年，我们创造了制度创新的伟大奇迹。一部新中国成长史，就是一部辉煌的制度创新史。在基础薄弱、人口众多的国家如何建设社会主义、推进现代化事业，是一项前无古人的全新创举，没有现成的教科书可供学习，没有成熟的发展模式可供模仿，出路只有一条，那就是创新。70年来，我们党领导人民进行了制度创新的伟大探索。人民代表大会制度保障了人民群众当家作主的权利，中国共产党领导的多党合作和政治协商制度构建起和谐的党际关系，社会主义市场经济体制把社会主义和市场经济的优势结合起来，"一国两制"伟大构想开辟了以和平方式实现祖国统一的崭新道路，等等。新中国70年的制度创新，为人类制度文明发展作出了独特贡献。

70年，中国创造的奇迹还有很多。这一个个奇迹极大改变了中国的面貌、中华民族的面貌、中国人民的面貌、中国共产党的面貌，汇聚成实现中华民族伟大复兴的盛大景象。

历史的启示

革命先驱李大钊说，"无限的过去都以现在为归宿，无限的未来都以现在为渊源"。历史是最好的教科书。回望新中国70年不平凡的历程，我们能得到许多宝贵的历史启示。

70年来，中国为什么能走过光辉历程、创造伟大奇迹？归根结底是因为有中国共产党的坚强领导。70年的历史雄辩地证明，领导我们事业的核心力量是中国共产党,坚持中国共产党的领导是办好中国一切事情的根本前提。中国人民实现解放,离不开中国共产党的领导;中华民族要实现伟大复兴,同样离不开中国共产党的领导。我们要牢记中国共产党领导是中国特色社会主义最本质的特征、是中国特色社会主义制度的最大优势。这是我们行稳致远的根本政治前提和保证。

70年来,我们之所以能创造彪炳史册的伟大奇迹,还在于我们党始终坚持把马克思主义基本原理同中国具体国情相结合,不断推进马克思主义中国化,形成中国特色社会主义道路、理论、制度、文化。中国特色社会主义来之不易,需要我们倍加珍惜、悉心呵护。实现中华民族伟大复兴的中国梦,最根本的就是要坚持和发展中国特色社会主义。当前,最重要的是始终坚持以习近平新时代中国特色社会主义思想为指导,坚定不移地同以习近平同志为核心的党中央保持高度一致,万众一心、齐心协力,将民族复兴大业推向前进。

70年来,我们所取得的辉煌成就,不是天上掉下来的,而是全党全国各族人民立足中国国情不断探索、不断奋斗、不断创新的结果。在中国这样一个有着5000多年文明史、近14亿人口的大国推进社会主义现代化,是前无古人的伟大事业。一切奇迹都是奋斗的结果、创新的结果。走好新时代的长征路,成功应对未来的风险和挑战,我们必须坚持以习近平新时代中国特色社会主义思想为指导,弘扬奋斗精神、创新精神,大胆探索、大胆实践、大胆创新,用发展的办法解决前进中的问题,不断夺取新时代中国特色社会主义新胜利。

新中国70年光辉历程带给我们的历史启示还有很多,这些历史启示都弥足珍贵。"雄关漫道真如铁,而今迈步从头越"。我们要从新中国70年历史中汲取营养、汲取智慧,开启更为光辉的历程、创造更为伟大的奇迹。

(作者为中国社会科学院副院长、中国历史研究院院长)

(《人民日报》2019年04月02日09版)

> 光辉的历程
> ——新中国成立70年的成就与启示

中华民族伟大复兴展现出无比光明的前景

中央党校（国家行政学院）习近平新时代中国特色社会主义思想研究中心

新中国成立后，确立了社会主义基本制度，成功实现了中国历史上最深刻最伟大的社会变革，开启了在社会主义道路上实现中华民族伟大复兴的历史征程。在改革开放新时期，随着中国特色社会主义的开创和发展，社会主义在中国获得新的生机活力。中国特色社会主义进入新时代后，党和国家事业取得历史性成就、发生历史性变革，社会主义在中国进一步焕发出强大生机活力。新中国成立70年，社会主义一路走来，正使中华民族伟大复兴展现出无比光明的前景。

70年前，中国还是一个满目疮痍的国家，数以亿计的中国人民还在忍饥挨饿。今天，中国早已告别贫弱、走向富强，中华民族正以崭新姿态屹立于世界的东方。新中国成立70年，社会主义一路走来，带来的是中华大地沧桑巨变、面貌一新，社会主义正使中华民族伟大复兴展现出无比光明的前景。

走上社会主义道路，开启民族复兴新征程

只有社会主义才能救中国，这是马克思主义传入中国后一些先进思想家、革命者用新的世界观和方法论考察中国前途命运后作出的基本判断。用社会主义救中国，走社会主义道路实现中华民族伟大复兴，这是中国共产党成立伊始就确立的奋斗目标。自此，社会主义成为中国共产党团结人

民群众、引领社会进步的旗帜。坚定不移走社会主义道路，成为党和人民的坚定信念。

我们党成立后，团结带领全国各族人民，经过长期浴血奋斗，完成了新民主主义革命，建立了中华人民共和国。新中国的成立，奠定了中国人民走向社会主义的政治基础，开启了中国人民迈向社会主义的实践进程。以毛泽东同志为主要代表的中国共产党人，坚定地把社会主义看作中国摆脱贫穷落后、实现中华民族伟大复兴的必由之路，开始推动由新民主主义向社会主义的过渡。人民政权的建立和巩固、国民经济的迅速恢复、民主革命遗留任务的顺利完成以及一系列社会改革的成功推进，为在中国确立社会主义基本制度创造了条件。随着社会主义改造的基本完成，社会主义基本制度在中国正式确立。这是中国历史上最深刻最伟大的社会变革，开启了在社会主义道路上实现中华民族伟大复兴的历史征程。

在全面开展社会主义建设过程中，毛泽东同志提出把我国建设成为一个社会主义的现代化的强国的宏伟目标。这期间，我们党带领人民在十分艰难的条件下展开大规模的社会主义建设，取得了巨大成就。我国建立起独立的比较完整的工业体系和国民经济体系，主要工业产品产量在世界上的排名明显提前；大力推进农田水利建设，改善了农业生产条件；教育和科学文化事业有了很大发展，不仅培养了一大批专业人才，而且成功发射"两弹一星"，极大地提高了中国的国际地位；人民生活水平迈上了新台阶，人民的文化素质和健康水平也有了明显提高；等等。毛泽东同志还提出"找出在中国怎样建设社会主义的道路"的问题。在探索过程中，虽然经历了严重曲折，但党在社会主义革命和建设中取得的独创性理论成果和巨大成就，为在新的历史时期开创中国特色社会主义提供了宝贵经验、理论准备、物质基础。

中国特色社会主义赋予社会主义新的生机活力

党的十一届三中全会作出把党和国家工作中心转移到经济建设上来、

实行改革开放的历史性决策。在改革开放新时期，随着中国特色社会主义的开创和发展，社会主义在中国获得新的生机活力。

邓小平同志在深刻总结我国社会主义建设正反两方面经验、借鉴世界社会主义历史经验的基础上，提出建设有中国特色的社会主义。由此，坚持和发展中国特色社会主义成为改革开放以来党的全部理论和实践的主题。随着对什么是社会主义、怎样建设社会主义认识的不断深化，我们党作出我国正处于并将长期处于社会主义初级阶段的科学判断，确立社会主义初级阶段基本路线，制定到21世纪中叶分三步走、基本实现社会主义现代化的发展战略。在这一历史进程中，以邓小平同志为主要代表的中国共产党人把马克思主义基本原理同中国改革开放的具体实际结合起来，创立了邓小平理论。邓小平理论科学回答了建设中国特色社会主义的一系列基本问题，使社会主义在中国的发展进入新境界。

党的十三届四中全会以后，以江泽民同志为主要代表的中国共产党人深化对什么是社会主义、怎样建设社会主义和建设什么样的党、怎样建设党的认识，形成了"三个代表"重要思想。在推动中国特色社会主义发展的实践中，确立了社会主义市场经济体制的改革目标和基本框架，确立了社会主义初级阶段的基本经济制度和分配制度，开创全面改革开放新局面，推进党的建设新的伟大工程，成功把中国特色社会主义推向21世纪。

党的十六大以后，以胡锦涛同志为主要代表的中国共产党人不断推进实践基础上的理论创新，深刻认识和回答新形势下实现什么样的发展、怎样发展等重大问题，形成了科学发展观。在推动中国特色社会主义发展的实践中，强调坚持以人为本、全面协调可持续发展，形成中国特色社会主义事业总体布局，着力保障和改善民生，促进社会公平正义，推动建设和谐世界，推进党的执政能力建设和先进性建设，成功在新的历史起点上坚持和发展了中国特色社会主义。

历史充分证明，只有社会主义才能救中国，只有中国特色社会主义才能发展中国。

中国特色社会主义进入新时代

经过长期努力,中国特色社会主义进入了新时代,这是我国发展新的历史方位。在新时代,以习近平同志为核心的党中央以巨大的政治勇气和强烈的责任担当,提出一系列新理念新思想新战略,出台一系列重大方针政策,推出一系列重大举措,推进一系列重大工作,解决了许多长期想解决而没有解决的难题,办成了许多过去想办而没有办成的大事,推动党和国家事业发生历史性变革。这些历史性变革,对党和国家事业发展具有重大而深远的影响,也使社会主义在中国进一步焕发出强大生机活力。

进入新时代,我国发展站到新的历史起点上。2018 年,中国经济总量突破 90 万亿元,稳居世界第二;进出口总额突破 30 万亿元,位居世界第一。中国经济发展成就举世瞩目,对世界经济增长的贡献有目共睹。新时代,我国能取得如此巨大的发展成就,是以习近平同志为核心的党中央坚强领导的结果。党的十八大以来,以习近平同志为核心的党中央科学把握当今世界和当代中国的发展大势,顺应实践要求和人民愿望,把进行伟大斗争、建设伟大工程、推进伟大事业、实现伟大梦想有机统一起来,全面加强党的领导和党的建设,全面推进中国特色社会主义事业,使党和国家面貌焕然一新。

进入新时代,我国社会主要矛盾已经发生转化。经过长期发展,我国社会生产力水平和社会生产能力都有了很大提高,长期存在的短缺经济和供给不足状况已发生根本性转变,人民群众的需要已超出物质文化的范畴和层次。人民日益增长的美好生活需要和不平衡不充分的发展之间的矛盾,反映了我国社会发展的新变化,也对整个国家和社会发展提出许多新的更高的要求。

进入新时代,随着经济实力和综合国力不断提升,中国日益走近世界舞台中央,在很多问题上有了更多国际话语权,同世界各国的交融、互动显著增强。比如,截至今年 3 月,我国已同 124 个国家和 29 个国际组织

光辉的历程
——新中国成立 70 年的成就与启示

签署共建"一带一路"合作文件,"一带一路"日益成为造福各国人民的重要国际公共产品。中国发展有了更多机遇和有利条件,但也面临更加复杂多变的外部环境,面临越来越多的竞争和挑战,需要在党中央的坚强领导下妥善应对。

进入新时代,我们比历史上任何时期都更加接近中华民族伟大复兴的目标。社会主义事业是在承前启后中向前推进的,中华民族伟大复兴的梦想只有在接续奋斗中才能实现。党的十九大提出,在全面建成小康社会的基础上,分两步走在本世纪中叶建成富强民主文明和谐美丽的社会主义现代化强国,对新时代中国特色社会主义发展作出新的战略安排。再有 30 多年,经过党和人民的团结奋斗,中国将成为一个社会主义现代化强国,中华民族伟大复兴的梦想将一步步变为现实。

新时代、新任务、新目标,需要有新思想来引领。党的十八大以来,以习近平同志为核心的党中央从理论和实践结合上系统回答新时代坚持和发展什么样的中国特色社会主义、怎样坚持和发展中国特色社会主义这一重大时代课题,形成了习近平新时代中国特色社会主义思想。党的十九大把习近平新时代中国特色社会主义思想确立为我们党必须长期坚持的指导思想,实现了党的指导思想又一次与时俱进。作为马克思主义中国化的最新成果,习近平新时代中国特色社会主义思想实现了马克思主义在当代中国、在 21 世纪的创新发展,也引领着中国特色社会主义在新时代的创新发展。坚持以习近平新时代中国特色社会主义思想为指导,就能更好地坚持和发展中国特色社会主义,谱写中国特色社会主义新的辉煌篇章。

(执笔:秦 刚)

(《人民日报》2019 年 04 月 18 日 09 版)

绘就法治中国建设的宏大历史画卷

付子堂　池通

新中国成立后，我们党在创立和发展社会主义法制的过程中，对于法律的功能、价值等都进行了深入思考，并积极推动相关工作。

改革开放后，我国经济社会的快速发展推动社会主义法制建设走上快车道，形成了中国特色社会主义法律体系。

党的十八大以来，以习近平同志为核心的党中央提出全面依法治国，把全面依法治国纳入"四个全面"战略布局。我们党对社会主义法治建设规律的认识达到了新高度。

新中国成立70年来的历史，生动记录了党领导人民不懈探索、建设社会主义法治国家的奋进征程。由摸索方向到坚定道路，由制度设计到实践探索，由新中国法制的开创到中国特色社会主义法律体系的形成、再到中国特色社会主义法治体系的日趋完善，70年来我国社会主义法治建设的初心与决心、理论与实践、成果与效果，绘就了法治中国建设的宏大历史画卷。

新中国法制的开局与系统构建

新中国成立前夕，我们党就带领广大人民群众开始探索从根据地法制建设向全国法制建设过渡。从1947年颁布《中国土地法大纲》、中央法律问题研究委员会研究起草宪法草案，到1948年成立华北人民政府、颁布华北人民政府组织大纲以及相关行政管理办法，各项法制建设实践扎实推进。1949年9月,毛泽东同志在中国人民政治协商会议第一届全体会议上向世界庄严宣告:"中国人被人认为不文明的时代已经过去了,我们将以一个具有高度文化的民族出现于世界。"打造"具有高度文化"的民族,包含新中国建设崭新法治文明的追求。这次会议通过的《中国人民政治协商会议共同纲领》确立了新中国各方面的基本制度和政策,起到了临时宪法的作用,奠定了新中国法制的基石。

1950年《中华人民共和国婚姻法》颁布,这是新中国成立后制定的第一部法律。同年,《中华人民共和国土地改革法》出台,以法律方式确保有领导、有秩序地推进中国历史上规模最大的土地改革。1954年新中国通过第一部宪法即"五四宪法",描绘了创立和发展社会主义法制的新蓝图。据有关研究统计,从1954年至1957年,全国人大及其常委会、国务院制定的法律、法规和国务院各部委制定的较重要的法规性文件共730多件。1954年至1957年、1962年至1964年我国曾先后两次起草民法,形成《中华人民共和国民法草案》(试拟稿)。1963年刑法草案已经改至第三十三稿,同年形成刑事诉讼法草案(初稿)。这些重要法律草案的精心起草、打磨,为系统构建新中国社会主义法制进行了积极探索,为改革开放后正式制定相关法律奠定了重要基础。

"法者,天下之程式也,万事之仪表也。"新中国成立后,我们党在创立和发展社会主义法制的过程中,对于法律的功能、价值等都进行了深入思考,并积极推动相关工作。毛泽东同志在制定1954年宪法时就指出,这部宪法"将大大地促进我国的社会主义事业"。1962年,他又指出,"没有法律不行,刑法、民法一定要搞。不仅要制定法律,还要编案例"。然而,由于受到历史环境的影响,我国社会主义法制建设也经历了一段曲折发展的过程。

改革开放推动中国特色社会主义法律体系形成

法律是治国重器,必然要与经济社会发展同频共振。改革开放后我国经济社会的快速发展推动社会主义法制建设走上快车道。1978年召开的党的十一届三中全会明确提出，必须加强社会主义法制，做到有法可依、有法必依、执法必严、违法必究。

1979年，五届全国人大二次会议通过了选举法、地方组织法、刑法等7部法律，这在世界立法史上都是少见的，可谓百日积勇、一朝勃发，也昭示了我们党坚定不移加强社会主义法制建设的决心。1982年12月4日通过的现行宪法，深刻总结我国社会主义革命、建设、改革的实践经验，奠定了中国特色社会主义法律体系的根本法基石。从那时起，我们党带领广大人民围绕党和国家中心工作，以现行宪法为统领，陆续制定了一批重要法律法规。1997年召开的党的十五大，首次提出依法治国基本方略，提出建设社会主义法治国家。由社会主义法制升级到社会主义法治，虽然只有一字之改，却有着十分重大的意义，彰显了我们党从治国理政高度推动社会主义法治建设的坚定决心。

1999年宪法修正案将依法治国写入国家根本大法，推动了以宪法为核心的中国特色社会主义法律体系的加速形成。到2010年底，我国已制定宪法和现行有效法律237件、行政法规690多件、地方性法规8600多件，涵盖社会关系各个方面的法律部门已经齐全，各法律部门中基本的、主要的法律已经制定，相应的行政法规和地方性法规比较完备，经济建设、政治建设、文化建设、社会建设、生态文明建设各方面总体上做到有法可依，法律体系内部总体上做到和谐统一。这表明，一个立足中国国情、适应改革开放和社会主义现代化建设需要、集中体现党和人民意志的中国特色社会主义法律体系已经形成。

建设中国特色社会主义法治体系

社会主义现代化强国必然是法治强国。在中国特色社会主义法律体系形成之后，法律有没有的问题基本解决，需要更加关注法治质量高不高的问题。党的十八大以来，以习近平同志为核心的党中央提出全面依法治国，把全面依法治国纳入"四个全面"战略布局,强调全面推进依法治国是国家治理领域一场广泛而深刻的革命。党的十八届四中全会通过的《中共中央关于全面推进依法治国若干重大问题的决定》强调:"全面推进依法治国,总目标是建设中国特色社会主义法治体系,建设社会主义法治国家。"如果说法律体系是对法律规范和制度体系的静态描述,那么,社会主义法治体系则包括完备的法律规范体系、高效的法治实施体系、严密的法治监督体系、有力的法治保障体系以及完善的党内法规体系,是诸多体系的动态结合、有机统一。从法律体系到法治体系的升级,为法治中国建设确立了新使命,是中国特色社会主义法治理论的重大突破,是依法治国实践不断深化的必然结果,充分说明我们党对社会主义法治建设规律的认识达到了新高度。

党的十九大报告提出,中国特色社会主义进入了新时代。在新时代,建设中国特色社会主义法治体系,更加需要适应社会主要矛盾的转化,坚持以人民为中心,着力解决法治发展中的不平衡不充分问题,更好满足人民日益增长的法治需求。此外,面对不断推进的世界新一轮科技革命,还应因势而谋、应势而动,既正视科技对法治的挑战,又充分利用人工智能、大数据等新技术手段,为中国特色社会主义法治体系持续发展增添新动能。

新中国成立70年来,我们成功开辟了中国特色社会主义法治道路,社会主义法治建设迈向体系化、现代化。这是一个理论与实践相互促进的历史过程,在这个过程中积累了许多宝贵经验,这些宝贵经验是新时代建设中国特色社会主义法治体系必须牢牢坚持的。一是必须坚持党的领导。党的领导是中国特色社会主义法治之魂。必须坚持党领导立法、保证执法、支持司法、带头守法,这样才能确保法治建设的正确方向。二是必须坚持从中国国情出发。从中国土壤中生长出来的社会主义法治体系必然也必须具有中国特色、中国风格、中国气派,形成符合自身实际的法治理论体系和话语体系,推动解决中国法治发展中的现实问题,为世界法治文明发展贡献中国智慧、中国方案、中国力量。三是必须坚持系统思维。中国特色社会主义法治体系不仅要求全面建设完备的法律规范体系、高效的法治实施体系、严密的法治监督体系、有力的法治保障体系以及完善的党内法规体系，还要求坚持依法治国、依法执政、依法行政共同推进，法治国家、法治政府、法治社会一体建设，保证法治建设在党的集中统一领导下做好顶层设计，不断扎实推进、取得实效。

历史的车轮滚滚向前。在新中国成立70年的重要历史时刻，展望法治中国建设的光明未来，我们可以确信，只要一代接着一代干，一棒接着一棒完成"法治接力跑"，我们就能建成法治国家、法治政府、法治社会，实现国家治理体系和治理能力现代化。

（作者单位：西南政法大学）

（《人民日报》2019年05月28日09版）

科学把握人口发展规律　促进新时代人口均衡发展

王培安

新中国成立后，实行计划生育是基于我国人口众多、资源相对不足的基本国情作出的一项重大战略决策。它使人口对资源、环境的压力得到初步缓解，创造了较长的人口红利期，有力促进了经济发展、社会进步和人民生活水平的提高，国家可持续发展能力大大增强。

进入新世纪以来，我国人口形势发生了重大变化。处理好人口规模和结构的关系、努力实现适度生育水平，大力提高劳动者素质和技能，把全面两孩政策落到实处，是人口发展领域必须关注的三大问题。

应重视人口发展战略研究，全面而深刻地理解把握人口规律，推动人口与经济社会协调发展，促进人口长期均衡发展。

历史的选择

我国自古就是世界人口大国。在传统社会，有人口就有赋税，就能强国；有人口就有兵源，就能开疆拓土。历代统治者大力鼓励人口繁衍，一旦社会安定、生产发展，人口总量就会大幅增长；到了改朝换代的时候，兵荒马乱、灾荒瘟疫交织，人口就会急剧减少。总体上看，17世纪以前，我国人口在周期性的消长起伏中缓慢增长。

明朝末年玉米、甘薯、马铃薯等高产粮食作物的传入，特别是清朝前期长达百年的康乾盛世，使得我国人口迅猛增长，先后突破2亿、3亿大关，道光年间突破4亿大关。这导致人地关系相当紧张，"人满为患"一词屡见于史籍，有远见的思想家开始为人口增长担忧。与此同时，欧洲各国也面临史无前例的人口增长，一些西欧国家通过工业化、城市化和殖民活动，化解了人口过剩的难题，打破了周期性的人口膨胀、衰减、再膨胀的怪圈。而我国在重农抑商传统思想的指导下，采取以鼓励垦荒为中心的对策，沉重的人口压力难以缓解。数千万老百姓闯关东、走西口、下南洋，自求生路。近代中国，内忧外患、兵连祸结，人口问题与贫困、饥荒、疾病、愚昧、内乱等相互交织，成为突出的政治和社会问题。

新中国成立后，实行计划生育是基于我国人口众多、资源相对不足的基本国情作出的一项重大战略决策。新中国的成立使社会趋于稳定，经济得到恢复，医疗卫生条件不断改善，死亡率迅速下降，人口以空前的速度增长，全国总人口从1949年的5.4亿人迅速增长到1970年的8.3亿人，人口压力在经济社会生活的许多方面逐步显现。1952—1976年，我国每年大约只能解决200万人的新增就业需求，城市失业问题越来越严重；年人均粮食占有量始终徘徊在300公斤左右，人均收入增长缓慢，人民生活水平低下。这当然与当时僵化的经济体制和政策偏差有关，但人口增长太快、高素质的人口太少也是一个很大的制约因素。1971年，经毛泽东同志批准，党中央、国务院毅然作出在全国城乡全面推行计划生育的重大决策。整个70年代，计划生育在全国城乡蓬勃开展，取得了非常显著的效果。

党的十一届三中全会后，百废待兴，人口增长与物资短缺的矛盾更加尖锐。1978年，全国总人口达到9.6亿，且增长势头迅猛，如不采取必要措施，必然会带来各种问题。当年我国经济总量在世界排名第十一位，但据世界银行数据，人均GDP在有统计数据的135个国家和地区中排倒数第四位，人口问题成为制约我国经济发展的重要因素。邓小平同志把控制人口增长与实现国家现代化的目标紧紧联系在一起。他指出："我们的人口政策是带有战略性的大政策。"以经济建设为中心，尽快把经济增长搞上去，把人口增长降下来，成为全党全国的共识。"计划生育"有关内容先后写入1978年、1982年宪法。1980年，中央决定在城镇和部分农村实行独生子女政策，并发表《关于控制我国人口增长问题致全体共产党员、共青团员的公开信》。1982年，党的十二大把计划生育确定为基本国策。从1991年开始，中央连续15年召开座谈会，对计划生育工作作出部署，并建立了"一票否决"的目标管理责任制。对计划生育工作，党心民心高度一致，专家学者认识高度一致，全国上下雷厉风行。计划生育工作在艰辛中爬坡、在奋进中提高，走过了辉煌而曲折的发展历程。

进入新世纪以后，人口过快增长的势头得到有效控制，人口增长与经济短缺的矛盾淡化了，但新的问题浮出水面：人口惯性增长趋势明显减弱，人口老龄化程度不断加深，人口流动迁移非常活跃，出生人口性别比长期偏高，家庭的抚幼养老能力和功能有所弱化，等等。促进人口长期均衡发展的历史重任开始摆在我们面前。以习近平同志为核心的党中央站在中华民族长远发展的战略高度，先后作出单独两孩政策、全面两孩政策的重大决策，这些重大决策具有重大历史意义。人口新政顺应时势、彰显民意、符合人口发展规律，标志着独生子女政策完成了历史使命。独生子女政策之所以能如期完成既定目标，一靠党中央"不畏浮云遮望眼"的决策智慧和"乱云飞渡仍从容"的战略定力；二靠广大人民群众的理解信任、支持参与；三靠党员干部的模范带头、敢于担当；四靠各方协同、群策群力；五靠基层工作者的辛勤努力。

回顾我国计划生育的历程，可以概括为"起于忧患、行于艰难、成于均衡"。40多年来，我国在经济还不发达的情况下全面推行计划生育，从根本上扭转了人口过快增长的势头，对经济发展和社会进步产生了积极而深远的影响。我国用30年时间走过欧洲国家上百年才走完的历程，实现了人口再生产类型从"高出生、低死亡、高增长"向"低出生、低死亡、低增长"的转变。随着生育率的迅速下降，创造了抚养负担较低、劳动年龄人口充裕、储蓄率较高的人口红利期。改革开放使人口红利得到充分释放，成为我国经济长期快速增长的重要原因。据测算，1978—2010年，人口红利对我国经济增长的贡献率达到20%—25%。人口增量的下降，为提高人均卫生、教育投资水平创造了条件，人民群众的生存发展状况大为改善，人口素质大幅提高。人口对资源、环境的压力得到初步缓解，国家可持续发展能力大大增强。如果不实行计划生育，人均耕地、粮食、森林、水资源、能源等占有量将比目前低20%以上。我国积极落实国际人口与发展大会《行动纲领》和联合国千年发展目标，为减缓全球人口增长、消除贫困作出重要贡献，树立了负责任大国的良好形象。

一切伟大的成就都是接力探索、接续奋斗的结果。计划生育在风险中艰难前进，在批评中逐步完善。我们的事业之所以伟大，就在于经历世所罕见的艰难而不断取得成功。习近平同志指出，不能用今天的时代条件、发展水平、认识水平去衡量和要求前人，不能苛求前人干出只有后人才能干出的业绩来。哲人曾经评论过，"一代人为之艰苦奋斗的事情，另一代人往往看得平淡无奇"。我们这些后来人，对历史要抱着了解之意、理解之心、敬重之情。

人口发展领域必须关注的三大问题

进入新世纪以来，我国人口形势发生了重大变化。习近平同志指出："当前，我国人口结构呈现明显的高龄少子特征，适龄人口生育意愿明显降低，妇女总和生育率明显低于更替水平。"这是对新时代人口发展特征的深刻概括。我们必须正视新情况、分析新问题、应对新挑战。当前，尤其要重点关注三个方面的问题：

处理好人口规模和结构的关系，努力实现适度的生育水平。长期以来，人口众多一直是我国的基本国情。近14亿的人口总量，对于尚不发达的经济社会发展水平和有限的资源环境承载能力来说还是过于庞大。人口规模如能适当少一些，人均资源占有量就会提高一些。从长远趋势看，我国人口总量将趋于下降，但规模和结构是一对矛盾，总量下降宜缓不宜快。如果规模降得太快，老龄化就会太快，抚养比也会很高，就会削弱经济社会活力,加重经济社会负担。只有让规模变动平缓一些,才能确保结构问题处在可控范围内。因此,努力实现适度的生育水平是未来一个时期促进人口均衡发展的必由之路。应该认识到,一个国家自立于世界民族之林,对人类有较大贡献,当然要有一定的人口规模。人口不是越多越好,也不是越少越好。当前,我国的生育水平面临较大下行压力,必须引起足够重视,采取积极、稳妥的措施,促进生育政策与相关经济社会政策配套衔接,实现适度生育水平。

大力提高劳动者素质和技能。2013年以来,我国劳动年龄人口开始减少,但总量仍很庞大。目前有15—64岁劳动年龄人口9.9亿,预计2030年有9.5亿,2050年还有8.2亿,而且我国的劳动参与率较高。未来三五十年,我国劳动力资源总量仍然比较充裕,人力资源基础仍然雄厚。当前西方七国集团的劳动年龄人口总和约为4.8亿,但经济总量是我国的3倍,劳动生产率是我国的7倍多。可见,我国并不缺劳动力数量,缺的是高素质、高技能的劳动力。劳动力总量供过于求和结构性短缺并存,反映出人口素质与产业结构调整的需求不匹配。一边是"用工荒",高技能工人短缺;一边是大学生就业难。在低生育水平下,我国不能再依靠廉价劳动力的低成本优势参与国际竞争,必须转向主要依靠劳动力质量驱动经济发展。我们要促进人的全面发展,不断提高劳动者素质,提升全要素生产率,扩大中等收入群体,变人口大国为人力资本强国。

把全面两孩政策落到实处。目前,影响生育行为的主要不是生育政策,而是公共服务发展水平和经济社会政策。群众普遍反映,生出来的孩子没有人带,养孩子的成本高。解决这些问题,必须落实好党的十九大报告关于"促进生育政策和相关经济社会政策配套衔接"的要求。一要补短板,加快发展多种形式的婴幼儿照护服务,支持社会力量兴办托儿机构,满足不同层次的需求。二要抓重点,落实各项福利待遇,落实个人所得税减免扣除,落实计划生育免费服务,将计划生育奖励假、配偶陪产假纳入生育保险。三要强弱项,保障女性就业权益,支持其职业发展,探索建立育儿期的弹性工作制，促进家庭和工作之间的关系平衡。低生育率的深层原因是工业化和现代化的发展、女性受教育程度和劳动参与率的提高、人口流动性的提高、避孕方法的普及、生活方式的变迁、生育观念和养育模式的变化等。解决不愿生、不敢生的难题绝非易事，必须下大力气，制定出台符合国情的家庭政策，构建性别平等、儿童优先、老年幸福、代际和谐的家庭友好型社会。

加强人口发展战略研究

习近平同志在党的十九大报告中强调，"加强人口发展战略研究"。最近，世界银行等国际机构和一些国际著名战略家提出，要研究关注那些长时间、深层次、根本性影响国际局势发展的慢变量问题，如人口问题、生态问题、技术进步问题等。作为人口大国，我国尤其应该重视人口发展战略研究，全面而深刻地理解把握人口规律，推动人口与经济社会协调发展。

认识和把握新时代的我国人口国情。长期以来，我国的基本国情是人口总量大、增速快。当前，增速快的矛盾已经解决，总量大的问题依然存在。在未来相当长时间内，我国人口众多的基本国情不会根本改变，人口对经济社会发展的压力不会根本改变，人口与资源环境的紧张关系不会根本改变。我国人口在20世纪下半叶走过了"三峰两谷、大起大落"的发展轨迹，随着不同出生队列的人群先后经历不同的生命周期阶段，本世纪中叶之前我国的人口变化将比较剧烈，各类人口问题会集中显现。我们要在客观认识人口国情变与不变的基础上，加强人口出生、死亡、迁移的监测分析，科学评估全面两孩政策的实施效果，关注城乡之间、区域之间、民族之间人口发展不平衡问题，制定促进人口均衡发展的目标。

认识和应对人口老龄化问题。老龄化是人类社会发展的必然趋势。老年人口剧增与未成年人口、劳动年龄人口缩减相伴随，是迈向高收入国家进程中难以逆转的现象。从人的发展角度看，工业化使得有史以来第一次有这么多的民众能够延年益寿，这是人类奋斗追求的结果。对个人而言，这是个福音;对社会来说,赡养老人虽有"净消耗"的一面,但历史地看,这是老年人应得的"回报"。我国老年人口规模庞大,其主要原因一是20世纪50年代到70年代的出生率非常高,二是人均寿命大大延长。新中国成立之初,平均预期寿命不到40岁,现在已达77岁。我国人口老龄化还有速度快、持续时间长、"未富先老"、"边富边老"等特征。社会福利制度建构较晚,社会保障基金存在压力,养老支持体系仍显薄弱,是我国面临的突出挑战。为此,一方面要转变发展方式、减轻抚养负担,尽量把蛋糕做大;另一方面要更加关注分配问题,把蛋糕分得更为合理。历史告诉我们,人口红利的积极效果并不能自动实现,只有在适宜的经济制度和产业政策下才能获得。解决老龄化问题,同样需要合理的制度安排和政策配套,包括改革社会保险制度、发展年金体系、建立灵活就业制度、调整法定退休年龄等。当前,低龄老年人在全部老年人中所占比例较大,应抓住这个机会,推进积极老龄化,保障和改善老年人的民生,健全养老服务、养老保障、老年健康支持体系;加快适老设施和环境的改造,提高老年人的独立性和参与能力;努力延长老年人的健康寿命,发挥老年人的潜能;进一步做好长期照护保险制度试点,帮助解决失能、半失能老人的康复护理问题;等等。

加强人口流动迁移研究。今后较长一个时期,我国人口流动还将比较活跃,成为影响各地人口规模与结构变化的主要因素。近年来,流动人口长期居留、举家迁徙的趋势越来越突出。我们希望把流动人口引向中小城市,但实际上仍会有大量外来人口涌入大城市。目前,相关制度变革尚未定型,今后的路怎么走依然在探索。在此情况下,关注流动人口的生存发展状况,跟踪"3个一亿人"重大决策的落实情况,探讨新生代流动人口"故土难回、融入不易"背后的体制性障碍等问题,具有十分重要的意义。

研究科技进步对人口发展的深刻影响。世界范围的数字革命大幕已经开启,人工智能如同当年的蒸汽机、电气化,将成为新一轮工业革命的主力军,带来生产力大提升和生产方式大变革。科技进步深刻改变着人类社会对劳动力数量、素质的需求和劳动就业模式，使人口与经济相互作用的机理发生重大变化。据测算，2016年，数字经济为我国带来280万新增就业，占当年新增就业的21%。在发展中国家，未来数十年内，2/3的工作岗位将因技能含量低而被取代。数字革命方兴未艾，需要重新审视和思考基于传统理论和过去经验所作的判断和政策选择。

研究拓展新时代计划生育的内涵。计划生育是现代社会的产物。20世纪初，美国的玛格丽特·桑格夫人发起了以避孕节育为核心的妇女解放运动；第二次世界大战结束以后，广大发展中国家开始实践以人口控制为核心的国家发展战略；1994年的国际人口与发展大会推动实现以生殖健康为核心的人口发展目标。今天，计划生育的理念仍有很强的生命力。国际社会普遍认为：第一，计划生育是一项基本人权，提倡自主、负责任的生育；第二，提供优质的计划生育服务、畅通服务渠道，是一个负责任的政府应尽的责任；第三，维护性与生殖健康权利，让人人享有生殖健康，避免非意愿妊娠；第四，促进社会性别平等；第五，维护妇女儿童权利。可见，计划生育的内涵是与时俱进的。回顾过去，人口和计划生育事业奋发前行的历史给我们留下了弥足珍贵的经验和启示；展望未来，促进人口均衡发展的实践将为理论创新提供丰富素材。理论工作者要适应时代和形势变化，科学把握人口发展规律，创新马克思主义人口理论，丰富和拓展新时代计划生育的内涵，为促进新时代人口均衡发展作出贡献。

（作者为全国政协人口资源环境委员会副主任，中国计划生育协会党组书记、常务副会长）

（《人民日报》2019年05月30日09版）

守护良好生态环境这个最普惠的民生福祉

李干杰

纵观人类文明发展史,生态兴则文明兴,生态衰则文明衰。新中国成立 70 年来,我们党始终秉持为中国人民谋幸福、为中华民族谋复兴的初心和使命,推动生态环境保护事业蓬勃发展。进入新时代,以习近平同志为核心的党中央大力推进生态文明建设、美丽中国建设,着力守护良好生态环境这个最普惠的民生福祉,人民群众源自生态环境的获得感、幸福感、安全感显著增强。

开创生态惠民、生态利民、生态为民伟大实践

70 年来,我们党坚持生态惠民、生态利民、生态为民,将生态环境保护作为重大民心工程和民生工程,不断深化对生态环境保护的认识,持续推进生态文明建设。

战略地位不断提升。1973 年第一次全国环境保护会议召开,环境保护被提上国家重要议事日程。上世纪 80 年代,保护环境被确立为基本国策;90 年代,可持续发展战略被确定为国家战略。进入新世纪,我国大力推进资源节约型、环境友好型社会建设。进入新时代,生态文明建设被纳入中国特色社会主义"五位一体"总体布局,建设美丽中国成为我们党的奋斗目标,我国生态文明建设驶入快车道。

治理力度持续加大。随着生态文明建设不断推进,环境污染治理力度持续加大。上世纪 70 年代,官厅水库污染治理拉开了我国水污染治理

的序幕；80年代，结合技术改造对工业污染进行综合防治；90年代，实施"33211"工程，大规模开展重点城市、流域、区域、海域环境综合整治。进入新时代，我国发布实施大气、水、土壤污染防治三大行动计划，全面展开蓝天、碧水、净土保卫战，生态环境质量持续改善，人民群众满意度不断提升。

生态保护稳步推进。1956年我国建立第一个国家级自然保护区，1978年决定实施"三北"防护林体系建设工程，1981年开启全民义务植树活动，之后逐步实施保护天然林、退耕还林还草等一系列生态保护重大工程，不断筑牢祖国生态安全屏障。进入新时代，我国坚持保护优先、自然恢复为主，实施山水林田湖草生态保护和修复工程，开展国土绿化行动，划定生态保护红线，加强生物多样性保护。目前，全国已建立国家级自然保护区474个，各类陆域自然保护地面积已达170多万平方公里，中国人民生于斯、长于斯的家园日益美丽动人。

法律法规日益完善。1978年"国家保护环境和自然资源，防治污染和其他公害"被写入宪法，1979年五届全国人大常委会第十一次会议原则通过《中华人民共和国环境保护法（试行）》，1989年七届全国人大常委会第十一次会议通过《中华人民共和国环境保护法》，我国环境保护工作逐步走上法治化轨道。进入新时代，我国制定和修改环境保护法、环境保护税法以及大气、水、土壤污染防治法和核安全法等法律，全国人大常委会、最高人民法院、最高人民检察院对环境污染和生态破坏界定入罪标准，立法力度之大、执法尺度之严、成效之显著前所未有。

公众参与日益广泛。我国坚持发动全社会保护生态环境，人民群众的节约意识、环保意识、生态意识不断增强，参与生态文明建设日益广泛。1985年第一次在全国范围开展"6·5"环境日宣传活动，1990年首次公布《中国环境状况公报》，2007年第一次实时发布环境质量监测数据。进入新时代，我国积极倡导简约适度、绿色低碳的生活方式，拒绝奢华和浪费，形成文明健康的生活风尚；构建全社会共同参与的环境治理体系，让生态环保思想成为社会生活中的主流文化；倡导尊重自然、爱护自然的绿色价值观念，推动形成深刻的人文情怀。

把良好生态环境作为最普惠的民生福祉

70年来，我们党坚持在保护生态环境中增进民生福祉。特别是党的十八大以来，习近平同志围绕生态文明建设提出一系列新理念新思想新战略，形成习近平生态文明思想，推动我国生态环境保护发生历史性、转折性、全局性变化。

把保护生态环境作为践行党的使命宗旨的政治责任。生态环境是关系党的使命宗旨的重大政治问题，也是关系民生的重大社会问题。70年来特别是党的十八大以来，我国生态环境保护之所以能发生历史性、转折性、全局性变化，最根本的就在于不断加强党对生态文明建设的领导。实践证明，建设生态文明，保护生态环境，必须增强"四个意识"，坚决维护党中央权威和集中统一领导，坚决担负起生态文明建设的政治责任。要全面贯彻党中央决策部署，严格落实"党政同责、一岗双责"，努力建设一支政治强、本领高、作风硬、敢担当，特别能吃苦、特别能战斗、特别能奉献的生态环境保护铁军。

把解决突出生态环境问题作为民生优先领域。70年来，人民群众从"盼温饱"到"盼环保"，从"求生存"到"求生态"，生态环境在人民群众生活幸福指数中的地位不断凸显。不断满足人民日益增长的优美生态环境需要，必须坚持以人民为中心的发展思想，把解决突出生态环境问题作为民生优先领域。当前，不同程度存在的重污染天气、黑臭水体、垃圾围城、农村环境问题依然是民心之痛、民生之患。要从解决突出生态环境问题做起，为人民群众创造良好生产生活环境。

走生产发展、生活富裕、生态良好的文明发展道路。70年实践经验表明，发展是解决我国一切问题的基础和关键，生态环境问题也必须通过发展来解决。发展经济不能对资源和生态环境竭泽而渔，保护生态环境也不是要舍弃经济发展。绿水青山就是金山银山，改善生态环境就是发展生产力。良好生态本身蕴含着无穷的经济价值，能源源不断创造综合效益，实现经济社会可持续发展。从根本上解决生态环境问题，必须贯彻落实新发展理念，加快形成节约资源和保护环境的空间格局、产业结构、生产方式、生活方式，把经济活动、人的行为限制在自然资源和生态环境能够承受的限度内，给自然生态留下休养生息的时间和空间。

把建设美丽中国转化为全体人民的自觉行动。生态环境是最公平的公共产品，生态文明是人民群众共同参与、共同建设、共同享有的事业，每个人都是生态环境的保护者、建设者、受益者，没有哪个人是旁观者、局外人、批评家，谁也不能只说不做、置身事外。让建设美丽中国成为全体人民的自觉行动，需要不断增强全民节约意识、环保意识、生态意识，培育生态道德和行为准则，构建全社会共同参与的环境治理体系，动员全社会以实际行动减少能源资源消耗和污染排放，为生态环境保护作出贡献，在点滴之间汇聚起生态环境保护的磅礴力量。

不断满足人民日益增长的优美生态环境需要

党的十九大报告提出，既要创造更多物质财富和精神财富以满足人民日益增长的美好生活需要，也要提供更多优质生态产品以满足人民日益增长的优美生态环境需要。当前，我国生态环境质量持续好转，出现了稳中向好趋势，但成效并不稳固，稍有松懈就有可能出现反复。

必须看到，我国环境容量有限，生态系统脆弱，污染重、损失大、风险高的生态环境状况尚未根本扭转，加之独特的地理环境加剧了地区间的不平衡。这具体表现为：北方秋冬季重污染天气时有发生；一些河流、湖泊、海域污染问题依然存在；土壤环境风险管控压力仍然较大，固体废物及危险废物非法转移、倾倒问题突出；局部区域生态退化问题比较严重，生物多样性下降的总趋势没有得到有效遏制，生物多样性保护与开发建设活动之间的矛盾依然存在。究其原因，主要有两个方面：一方面，与我国国情和发展阶段密切相关。我国工业化、城镇化、农业现代化的任务还没有完成，产业结构偏重、能源结构偏煤、交通运输以公路为主，污染物新增量仍处于高位，生态环境压力巨大。另一方面，与工作落实不够到位有关。一些地方在绿色发展方面认识不深、能力不强、行动不实，重发展轻保护的现象依然存在。

有效解决这些问题，必须坚持以习近平新时代中国特色社会主义思想为指导，深入贯彻习近平生态文明思想，全面加强生态环境保护，以生态环境质量改善的实际成效取信于民、造福于民。要贯彻落实新发展理念，走以生态优先、绿色发展为导向的高质量发展新路子；做到稳中求进、统筹兼顾、综合施策、两手发力、点面结合、求真务实，坚决打好污染防治攻坚战；遵循规律，科学规划，因地制宜，打造多元共生的生态系统；着力推动中央生态环境保护督察向纵深发展，对重点区域强化监督，既督促又帮扶，重视企业合理诉求，推动解决群众关切的突出生态环境问题，真正为人民群众办实事、解难题。

（作者为生态环境部党组书记、部长）

（《人民日报》2019年06月03日09版）

不断开辟党的建设新境界

李景田

新中国成立70年来,我们党紧紧围绕党的政治路线和中心任务加强党的建设,用马克思主义中国化最新成果指导党的建设,坚持和加强党的全面领导,把实现好维护好发展好最广大人民根本利益作为党的建设的出发点和落脚点,不断完善党的建设总体布局,以改革创新精神加强党的建设,党的自身建设不断开辟新境界。

新中国走过的70年,既是党领导的伟大事业取得辉煌成就、中国人民和中华民族面貌发生历史性变化的70年,也是我们党持续推进伟大自我革命、党的自身建设不断开辟新境界的70年。回顾总结70年党的建设的成就与经验,深化对党的建设规律的认识,对于深入学习贯彻习近平新时代中国特色社会主义思想和党的十九大精神,在新的历史起点上坚定不移全面从严治党、不断提高党的执政能力和领导水平,具有十分重要的意义。

紧紧围绕党的政治路线和中心任务加强党的建设

党的建设历来同党的政治路线和中心任务紧密联系在一起。新中国成立后,面对掌握全国政权、建设新中国的形势任务,毛泽东同志指出,我们不但善于破坏一个旧世界,我们还将善于建设一个新世界。按照新的形势任务的要求,我们党组织广大党员、干部学习文化科学知识,有计划开展干部教育和轮训；开展以解决党内思想不纯和组织不纯问题为主的整党活动；开展"三反""五反"运动；等等。这些重要举措为增强党的战斗力、巩固新生的人民政权、全面展开社会主义建设提供了思想保证和组织保证。党的十一届三中全会后，我们党顺应时代潮流和人民意愿，提出"一个中心、两个基本点"的基本路线，强调越是改革开放、发展经济，越要加强党的领导、抓好党的建设。各级党组织和广大党员、干部在推进中国特色社会主义事业中发挥了重要作用。党的十八大以来，以习近平同志为核心的党中央适应中国特色社会主义进入新时代、我国发展的历史方位和社会主要矛盾发生重大变化的新情况，强调坚定不移进行自我革命，充分发挥党的建设新的伟大工程统揽"四个伟大"的决定性作用，狠抓全面从严治党，党在革命性锻造中更加坚强，为党的事业取得历史性成就提供了坚强政治保证。

新中国成立70年来党的建设实践证明，党的建设是党的事业取得胜利的重要法宝。只有紧紧围绕党的政治路线和中心任务加强党的建设，坚持为党领导的伟大事业服务，才能保证党的建设的正确方向，使全党同志始终不忘初心、牢记使命，履行好肩负的神圣职责，坚定不移为实现党的理想而奋斗。

用马克思主义中国化最新成果指导党的建设

坚持思想建党、理论强党，不断推进理论创新，用马克思主义中国化最新成果武装全党、指导实践、推动工作，是我们党加强自身建设的鲜明特点和重要优势。新民主主义革命时期，我们党开辟了中国革命的正确道路，形成了毛泽东思想这一马克思主义中国化的成果，指引中国革命取得伟大胜利，也为党的建设提供了科学指导。新中国成立初期，我们党继续将马克思主义基本原理同中国具体实际相结合，探索符合中国特点的社会主义建设道路，形成一系列新思想新观点新认识，成为毛泽东思想的重要组成部分。党的十一届三中全会后，我们党深刻总结正反两方面经验，深化对什么是社会主义、怎样建设社会主义,建设什么样的党、怎样建设党,实现什么样的发展、怎样发展的认识,形成邓小平理论、"三个代表"重要思想、科学发展观,极大推进了改革开放伟大事业、推动了党的建设。党的十八大以来,以习近平同志为核心的党中央从理论和实践结合上系统回答新时代坚持和发展什么样的中国特色社会主义、怎样坚持和发展中国特色社会主义这一重大时代课题,形成了习近平新时代中国特色社会主义思想,为实现中华民族伟大复兴提供了行动指南,为推进新时代党的建设提供了强大思想武器。

新中国成立70年来党的建设实践证明,只有根据时代变化和党的事业发展不断推进党的理论创新,用马克思主义中国化最新成果指导党的建设,才能为党团结统一、不断前进提供坚实思想基础和强大精神动力。我们要始终坚持实践基础上的理论创新,把握党的建设的客观规律,科学回答党的建设面临的一系列重大问题,坚持用党的理论创新成果指导党的建设。

把坚持和加强党的全面领导作为党的建设的根本原则

党政军民学,东西南北中,党是领导一切的。新中国一成立,毛泽东同志就强调,领导我们事业的核心力量是中国共产党,"没有这样一个核心,社会主义事业就不能胜利。"改革开放后,我们党旗帜鲜明地坚持和加强党的全面领导。邓小平同志将坚持党的领导作为四项基本原则中最重要的一条,指出"中国由共产党领导,中国的社会主义现代化建设事业由共产党领导,这个原则是不能动摇的;动摇了中国就要倒退到分裂和混乱,就不可能实现现代化。"江泽民同志强调,全面建设小康社会,必须毫不放松地加强和改善党的领导,全面推进党的建设新的伟大工程。胡锦涛同志指出,"坚持和改善党的领导,是我们事业胜利前进的根本保证。"党的十八大以来,习近平同志深刻指出,中国特色社会主义最本质的特征是中国共产党领导,中国特色社会主义制度的最大优势是中国共产党领导,党是最高政治领导力量。以习近平同志为核心的党中央制定实施一系列坚持和加强党的全面领导的制度措施，我们党充分发挥了中国特色社会主义事业的领导核心作用。

新中国成立70年来党的建设实践证明，坚持和加强党的全面领导是党的建设的根本原则。只有把坚持和加强党的全面领导作为党的建设的根本着眼点，着重解决党的领导方面存在的突出问题，才能牢牢抓住党的建设的关键，不断提高党的执政能力和领导水平，使我们党始终成为中国人民的"主心骨"，成为中国特色社会主义事业的坚强领导核心。

坚持以人民为中心加强党的建设

人民立场是党的根本政治立场，以人民为中心是党的建设的基本价值取向。新中国成立70年来，我们党始终坚持用马克思主义群众观和党的根本宗旨教育全党，引导党员、干部始终同人民群众同呼吸、共命运、心连心；坚持党的群众路线，与群众一块过、一块苦、一块干；坚持把党的根本宗旨贯彻到党的建设各项工作中，把解决人民群众最关心最直接最现实的利益问题作为党的建设的着力点；坚持把群众拥护不拥护、赞成不赞成、高兴不高兴、答应不答应作为检验和衡量党的建设成效的标准，把人民群众的支持帮助作为管党治党的重要依靠力量。特别是党的十八大以来，以习近平同志为核心的党中央提出坚持以人民为中心，把实现好维护好发展好最广大人民根本利益作为党的建设的出发点和落脚点，满足群众所需所急所盼，让人民有更多更直接更实在的获得感、幸福感、安全感，赢得了广大人民群众的拥护和支持。

新中国成立70年来党的建设实践证明，为中国人民谋幸福，为中华民族谋复兴，是中国共产党人的初心和使命；始终保持同人民群众的血肉联系，是党战胜各种困难风险、取得事业成功的根本保证。只有始终不忘党的根本宗旨，尊重人民主体地位，坚持以人民为中心的发展思想，真正实现好维护好发展好最广大人民根本利益，才能汇聚起推动党领导的伟大事业和党的建设新的伟大工程的磅礴力量，确保党始终立于不败之地。

不断完善党的建设总体布局

党的建设总体布局擘划出党的建设的基本内容和整体格局。总体布局立起来了，党的建设就有了实体支撑。新中国成立后，我们党不断总结党的建设经验，根据新的实践要求拓展党建内涵、完善布局内容，在很长时间内一直突出思想建设、组织建设和作风建设。改革开放后，党的十三大在思想建设、组织建设、作风建设的基础上提出"加强党的制度建设"；党的十四大提出"党的思想、政治、组织、作风建设"，并对"坚持反腐败斗争"和"加强制度建设"提出具体要求；党的十六大提出"把思想建设、组织建设和作风建设有机结合起来，把制度建设贯穿其中""深入开展反腐败斗争"；党的十七大提出党的思想建设、组织建设、作风建设、制度建设、反腐倡廉建设的布局。党的十八大以来，我们党深刻总结历史经验特别是全面从严治党的新鲜经验，对党的建设总体布局进行深入思考和谋划，在党的十九大上进一步提出"以党的政治建设为统领，以坚定理想信念宗旨为根基，以调动全党积极性、主动性、创造性为着力点，全面推进党的政治建设、思想建设、组织建设、作风建设、纪律建设，把制度建设贯穿其中，深入推进反腐败斗争"。2019年1月，中共中央发布《关于加强党的政治建设的意见》，强调"要以党的政治建设为统领，把政治标准和政治要求贯穿党的思想建设、组织建设、作风建设、纪律建设以及制度建设、反腐败斗争始终，以政治上的加强推动全面从严治党向纵深发展，引领带动党的建设质量全面提高"。这突出强调了政治建设的统领作用，概括了新时代党的建设的基本内容，体现了对党的建设规律认识的深化，为全面推进新时代党的建设新的伟大工程指明了方向。

新中国成立70年来党的建设实践证明，党的建设总体布局关系党的建设全局，对总体布局的认识越深刻、部署越准确、落实越有力，党的建设就越全面、越深入，越有成效。只有不断完善党的建设总体布局，才能从整体上把握党的建设的战略任务和现实要求，全面加强党的各方面建设，不断提高党的建设质量，把党建设得更加坚强有力。

以改革创新精神加强党的建设

坚持用时代发展的要求审视自己，以改革创新精神加强自己，是我们党始终保持蓬勃朝气和旺盛活力的重要原因。新中国成立70年来，我们党大力推进理论创新、实践创新、制度创新，形成一系列创新成果，使党的建设在创新中不断迈出新步伐、开拓新局面。新中国成立初期，为巩固政权和发展经济，我们党创设实施多项制度和政策，着力加强党员队伍建设。改革开放以来，我们党始终坚持以改革创新精神加强自身建设，根据新形势新任务的需要，提出了一系列新思想新举措。例如，针对村民自治条件下农村基层党组织定位不清问题，确立加强以党支部为领导核心的村级组织建设；针对非公有制经济组织蓬勃发展的新情况，着力加强非公有制经济组织党建工作，有力扩大了党组织和党的工作覆盖面；提出把党支部建在农村新型经济合作组织和城市商务楼宇上，拓宽和完善了党的建设途径方法；等等。党的十八大以来，以习近平同志为核心的党中央强调以改革创新精神全面推进党的建设新的伟大工程，着眼于全面从严治党推出了一系列管党治党的创新举措。

新中国成立70年来党的建设实践证明，改革创新是党的建设的强大动力。只有大力弘扬改革创新精神，以新理念新思路新方法解决党的建设中的新课题，才能把党的建设不断推向前进，不断增强党的生机活力，保证我们党始终走在时代前列。

（作者为全国党的建设研究会会长）

（《人民日报》2019年07月01日09版）

中国道路在守正创新中越走越宽广

中央党校（国家行政学院）习近平新时代中国特色社会主义思想研究中心

中国特色社会主义道路是中国共产党领导中国人民在长期探索和实践中作出的选择。这条道路越走越宽广并显示出强大的发展活力，一个重要原因就是在坚持科学社会主义基本原则、科学把握人类社会发展规律、充分借鉴人类文明成果中赋予其鲜明的中国特色。

中国共产党领导中国人民历经革命、建设、改革的艰辛探索和伟大实践，走出了一条属于自己的路：中国特色社会主义道路（以下简称中国道路）。这条道路是中国共产党带领人民坚持科学社会主义基本原则、科学把握人类社会发展规律、充分借鉴人类文明成果开辟的人间正道、走出的创新之路。这条道路越走越宽广，并显示出强大的发展活力。

坚持科学社会主义基本原则，创立和发展中国特色社会主义

科学社会主义的基本原则和理论逻辑，既包含对人类社会发展趋势的科学研判，对社会主义本质规定的科学阐述，又包含对未来美好社会状态的科学构想。马克思主义认为，人类社会从资本主义发展到社会主义、共产主义是一个自然的历史进程和必然的历史趋势。社会主义社会就是在马克思主义政党领导下建立起新型国家政权和社会制度、让最广大劳动者成为主人的社会。通过建立生产资料公有制等新的社会所有制形式，克服资本主义社会生产社会化与生产资料私人占有之间的矛盾，这是社会主义的制度优势；通过实行新的生产方式和经济运行方式，跳出资本主义生产的周期性经济危机，不断增加生产力的总量，这是社会主义的客观要求。中国特色社会主义在创立和不断发展的进程中，始终坚持这些基本原则，充分发挥社会主义的制度优势，极大提高了社会生产力水平。

与此同时，中国特色社会主义在实践基础上不断创新发展，赋予科学社会主义鲜明的中国特色。新中国成立70年来，从独立自主走自己的路到开辟中国特色社会主义道路，再到形成中国特色社会主义道路、理论、制度、文化，中国道路越走越宽广，开辟了科学社会主义发展的新境界。特别是党的十八大以来，以习近平同志为核心的党中央团结带领全国各族人民统筹推进"五位一体"总体布局，协调推进"四个全面"战略布局，统揽"四个伟大"，擘画出新时代坚持和发展中国特色社会主义的战略路线图，开启了社会主义现代化建设新征程；坚持公有制为主体、多种所有制经济共同发展的基本经济制度，毫不动摇巩固和发展公有制经济，毫不动摇鼓励、支持、引导非公有制经济发展，充分发挥市场在资源配置中的决定性作用，更好发挥政府作用，激发各类市场主体活力；明确中国特色社会主义最本质的特征是中国共产党领导，中国特色社会主义制度的最大优势是中国共产党领导，党是最高政治领导力量；等等。这一系列新思想新战略新举措，既坚持了科学社会主义的基本原则，又根据中国的时代特点作了新的发展，丰富和发展了我们党对科学社会主义、中国特色社会主义建设规律的认识。

历史和现实雄辩地证明：中国道路的成功开辟和不断拓展不仅是中国特色社会主义的成功，更是社会主义的胜利。正是中国道路的守正创新，让科学社会主义在21世纪的中国焕发出强大生机活力，使世界上正视和相信马克思主义和社会主义的人越来越多。

科学把握人类社会发展规律，不断开辟社会主义现代化建设新局面

走向现代化是20世纪以来的时代召唤，是人类社会发展规律的时代体现。新中国成立后,我们党领导人民迅速进行社会主义改造,集全社会之力建设独立完整的国民经济体系,建设"四个现代化",努力推动经济社会发展。党的十一届三中全会后,我国实行改革开放,致力于建设小康社会,朝着实现全体人民共同富裕不断迈进,社会主义现代化进程大大加快。中国特色社会主义进入新时代,把我国建成社会主义现代化强国成为全党全国人民奋力拼搏的第二个百年奋斗目标。

人类社会走向现代化是大势所趋,但如何实现现代化需要各个国家结合自身实际努力探索。现代化不是"西方化",不能人云亦云,更不能东施效颦。西方国家通过殖民与掠夺走向现代化的模式已成为明日黄花,不可能复制也不会重现。一些国家照抄照搬西方模式,结果搞得国家大乱、元气大伤,甚至沦为西方发达国家的附庸。中国要在社会主义初级阶段加快现代化建设,实现中华民族伟大复兴的中国梦,必须坚持守正创新,以"咬定青山不放松"的战略定力,在中国大地上探寻适合自己的道路和办法。

近400年来,西方工业文明主导的现代化实现了人类社会大发展。但这种把人与自然对立起来、以牺牲生态环境为代价换取经济增长的发展模式已日暮途穷,愈演愈烈的资源枯竭、生态退化、气候变暖就是对西方现代化道路敲响的警钟。现代化与绿水青山不能顾此失彼。我国坚定走生产发展、生活富裕、生态良好的文明发展道路,把"美丽"作为现代化的重要内涵,充分体现了中国社会主义现代化道路的重大创新。在现代化进程中保持人与自然和谐共生,让不堪重负的地球"休养生息",我国生态文明建设为人类社会走出了一条现代化新路。

中国道路既有鲜明的中国特色,又有宽广的世界眼光、博大的人类情怀。当前,人类社会尤其是广大发展中国家在现代化问题上面临一系列共性问题。例如,如何在经济全球化的背景下、在竞争日趋激烈的国际环境中实现国家富强、民族振兴、人民幸福;如何让发展成果惠及全社会,让全体人民过上更加幸福、更有尊严的生活;如何让制度更加适应生产力发展要求，并推动生产力向更高水平发展；等等。中国特色社会主义对这些问题都作出了有效回应。正因如此，中国道路拓展了发展中国家走向现代化的途径，给世界上那些既希望加快发展又希望保持自身独立性的国家和民族提供了全新选择，为解决人类问题贡献了中国智慧、中国方案。

占据人类文明进步的道义制高点，推动构建人类命运共同体

今天，我们生活在一个充满矛盾的世界中。一方面，物质财富不断积累，科学技术日新月异，人类文明发展到迄今的历史最高水平；另一方面，地区冲突、恐怖主义、难民潮此起彼伏，逆全球化、单边主义、霸凌主义如影随形。"世界怎么了、我们怎么办"，习近平主席发出的世界之问振聋发聩。人类社会发展不可避免会有特定历史阶段的印记，但用进步取代落后、用福祉消除灾祸、用文明化解野蛮是历史大趋势，是一国经济社会发展的正确价值取向，也是人类文明进步的道义所在。

面对世界百年未有之大变局，身处人类社会发展的十字路口，我们越来越认识到地球是人类共有的家园，世界是各个国家共谋发展的大舞台，而不是各国相互角力的竞技场，不能为一己之私把世界引向混乱。世界长期发展不可能建立在一批国家越来越富裕而另一批国家却长期贫穷落后的基础上。那种以邻为壑、转嫁危机、损人利己的做法既不道德，也难以持久。摒弃冷战思维、零和博弈，摒弃弱肉强食的丛林法则，相互尊重、平等相处、和平发展、共同繁荣才是人间正道。中国道路就是这样一条人间正道。中国道路之正不仅在于通过巨大的实践成就让中华民族迎来了从站起来、富起来到强起来的伟大飞跃，更在于其基本价值取向是以合作共赢的方式实现国家发展并为世界发展作出贡献。

中国道路是一条和平发展之路，致力于与世界各国共同构建人类命运共同体。在这一新的世界发展图景中，不再是弱肉强食，也不再是赢者通吃，没有中心与边缘之分，没有宗主国与殖民地之别，每个国家、每个民族都可以在"各美其美"中实现"美美与共"、在共商共建中实现共赢共

享。它倡导世界命运应该由各国共同掌握，国际规则应该由各国共同书写，全球事务应该由各国共同治理，发展成果应该由各国共同分享，推动全球治理体系朝着更加公正合理的方向发展。"一带一路"倡议作为推动构建人类命运共同体的重要实践平台，丰富了国际合作理念和多边主义内涵，为世界经济增长开辟了新空间，为国际贸易和投资搭建了新平台，为完善全球经济治理拓展了新实践，为增进各国民生福祉作出了新贡献。

发展观背后矗立的是文明观。这些年来，西方一些人总担心中国强大了会对世界构成威胁。其实，中华文明自古以来就以和处天下，主张协和万邦。郑和七下西洋，所到之处播撒的是和平的种子，传播的是文化的光辉。一个以和平和谐为基本价值理念的文明，在历史上是和平善良的，在今天、在未来同样也是和平善良的。习近平同志指出，"中国这头狮子已经醒了，但这是一只和平的、可亲的、文明的狮子。"中华民族历来讲求"天下一家""和而不同"，主张民胞物与、天下大同，憧憬"大道之行，天下为公"的美好世界，这样的价值理念经过创造性转化和创新性发展，已经充分体现在中国道路中，体现在推动构建人类命运共同体的倡议和具体实践中。

（执笔：辛鸣）

（《人民日报》2019 年 07 月 02 日 09 版）

光辉的历程
——新中国成立70年的成就与启示

为建设科技强国打下坚实基础

白春礼

新中国成立70年来,党中央始终将发展科技事业放在事关国家发展全局的战略位置,在每个关键时期都进行顶层设计,部署一系列重大战略,提出一系列重大举措,有力推动我国科技事业发展。

新中国成立70年来特别是党的十八大以来,我国科技事业取得历史性成就、发生历史性变革,具备了从科技大国加速向科技强国迈进的基础和条件。

新中国成立70年来,我们立足国情和科技创新实践,充分学习借鉴先进经验,走出一条具有中国特色、符合科技创新规律的自主创新道路。

站在新的历史起点上,我国科技界要以习近平新时代中国特色社会主义思想为指导,全面开创我国科技事业发展新局面。

科技兴则民族兴,科技强则国家强。中国要强盛、中华民族要实现伟大复兴,就一定要大力发展科学技术。新中国成立70年来,广大科技工作者与祖国同行,以实现国家富强、民族振兴、人民幸福为己任,坚持走中国特色自主创新道路,着力攻克关键核心技术、破解创新发展难题,我国科技事业实现了历史性、整体性、格局性重大变化,为经济社会发展作出了重大贡献,为加快建设科技强国打下了坚实基础。

党中央的正确领导指引我国科技事业快速发展

党的领导是我国科技事业快速发展的根本政治保证。新中国成立70

年来，党中央始终将发展科技事业放在事关国家发展全局的战略位置，在每个关键时期都进行顶层设计，部署一系列重大战略，提出一系列重大举措，有力推动我国科技事业发展。

新中国成立之初，党中央作出建立中国科学院的战略决策，开启了新中国科技事业发展的光辉历程。1956年，党中央制定十二年科技发展规划，发出"向科学进军"的号召，集中各方面力量加快发展科技事业，迅速建立完整的科研队伍、学科体系和科研布局，实施"两弹一星"工程等一大批科技攻关项目，奠定了新中国科技事业发展的基础。

改革开放之初，党中央召开全国科学大会，率先在科技领域拨乱反正，我国迎来"科学的春天"。1985年，党中央作出关于科学技术体制改革的重大决策，确立"经济建设必须依靠科学技术，科学技术工作必须面向经济建设"的方针，开创了科技事业发展的新局面。世纪之交，党中央准确把握信息技术革命的大趋势，确立科教兴国战略和人才强国战略。2006年，为落实党的十六大提出的"制定国家科学和技术长远发展规划"的要求，《国家中长期科学和技术发展规划纲要（2006—2020年）》发布，确立了"自主创新，重点跨越，支撑发展，引领未来"指导方针，推动我国科技事业进入加速发展的快车道。

党的十八大以来，习近平同志就我国科技事业发展多次发表重要讲话、作出重要指示批示，进一步明确我国科技事业发展的总体定位、战略要求和根本任务，为科技创新提供了根本遵循和行动指南。以习近平同志为核心的党中央深入总结我国科技事业发展实践，观察大势，谋划全局，深化改革，全面发力，科学擘画建设科技强国的蓝图，作出一系列重大决策，深入实施创新驱动发展战略，加快推进创新型国家建设和科技强国建设，全面塑造了我国科技事业面向未来发展的新格局。

我国科技事业取得历史性成就、发生历史性变革

新中国成立70年来特别是党的十八大以来，我国科技事业取得了举世瞩目的发展成就，科技创新整体上呈现加速从量的积累向质的飞跃提升、从点的突破向系统能力提升的态势，展现出巨大发展潜力，具备了从科技大国加速向科技强国迈进的基础和条件。

整体科技实力显著增强。2018年，我国研究与试验发展经费支出达到19657亿元，与国内生产总值之比达到2.18%。截至2017年，我国高水平国际科技论文连续9年位居世界第二位，占全球总数的18.6%；在自然指数排名中，中国科学院连续7年位居全球科研教育机构首位。我国拥有门类最为齐全的工业体系，2010年起高技术产品出口额就位居世界第一，国内发明专利申请量也位居世界第一。从国家整体科技实力和竞争力来看，在国际上几个最有影响的评价报告中，我国总体上的排名已处于发展中国家前列。

自主创新能力大幅提升。我国在一些重要领域和方向取得一大批重大原创成果，如量子密钥分发、铁基超导、中微子研究、干细胞研究、克隆猴、系列空间科学实验卫星等，有的已经与世界先进水平处于并行阶段，有的甚至开始领跑，化学、材料、工程科学等学科整体水平位居世界前列。载人航天与探月、北斗导航、载人深潜、大型客机、国产航母等一大批重大创新成就，使我国在事关国家全局和长远发展的科技战略制高点上占据了主动。高速铁路、5G移动通信、超级计算、特高压输变电等都处于世界领先水平，语音识别、新能源汽车、第三代核电等也进入世界前列。我国还涌现出一批具有世界影响力的高科技企业，为我国全面参与未来全球经济和科技竞争合作奠定了良好基础。

人才队伍和科技发展基础更加坚实雄厚。高水平创新队伍是我国科技创新加速发展的关键。2018年，我国研发人员总量达到418万人，位居世界第一；高等教育在学总规模3833万人，在学博士生39万人，在学硕士生234万人，也位居世界第一。我国已建成运行29个具有国际先进水平的大科学装置，其中18个由中国科学院运行管理，包括500米口径球面射电望远镜（FAST）、散裂中子源、P4实验室、上海光源、全超导托卡马克核聚变实验装置等，这批国之重器将为我国重大基础前沿研究和高技术创新提供有力技术和平台支撑。

坚定不移走中国特色自主创新道路

新中国成立70年来，我国立足国情和科技创新实践，充分学习借鉴先进经验，走出一条具有中国特色、符合科技创新规律的自主创新道路。这是我国科技事业取得历史性成就、发生历史性变革的重要原因，也是我国科技事业发展的宝贵经验。

充分发挥集中力量办大事的制度优势。集中科技资源开展大协作、大攻关，这是新中国科技事业快速发展的一个重要法宝。新中国成立后，党中央统一领导、统筹部署，26个部委、20多个省区市、1000多家单位的精兵强将和优势力量大力协同，在较短时间内就创造出研制"两弹一星"的奇迹，展现了攻克尖端科技难关的伟大创造力量。党的十八大以来，新型举国体制不断深化发展，一大批重大科技攻关任务、全方位的产学研用合作和协同创新，在加快提升自主创新能力、有效满足国家重大战略需求、解决"卡脖子"问题等方面发挥了关键作用。

不断发展完善中国特色国家创新体系。从"五路大军"到"五大体系"，中国特色国家创新体系的形成和发展，既体现了历史必然性，也适应了时代要求。中国科学院作为国家创新体系的骨干力量，不断探索科研院所、学部、教育机构"三位一体"的发展架构和独具特色的科教融合新模式。新时代，党中央作出一系列新的战略安排。从对中国科学院提出"三个面向""四个率先"要求，到以国家实验室为引领加快建设国家战略科技力量，再到以北京、上海、粤港澳大湾区科创中心为牵引加快建设面向未来发展的国家科研战略布局，中国特色国家创新体系建设充分体现了新时代的发展要求，为坚定不移走中国特色自主创新道路提供了坚实支撑。

不断改革探索独具特色的体制机制。进行一系列具有开拓性的改革探索，逐步建立一整套适应社会主义市场经济发展要求的科技体制机制，是坚定不移走中国特色自主创新道路的重要保障。1985年以来,"三元结构"分配制度、竞争择优的科研资助体系、多层次人才培养体系等一系列独具特色、行之有效的改革举措,充分激发了全社会的创新活力。党的十八大以来,科技体制改革不断深化,科技计划体系、科研项目和科研经费管理改革、科技成果转化"三权"改革等赋予科学家和科研院所更大自主权,其力度之大、含金量之高前所未有,为我国科技事业发展注入更强劲的动力。

全面开创新时代科技事业发展新局面

经过新中国成立70年来的快速发展,我国科技创新正处在实现战略性转变的关键时期。当前,新一轮科技革命将引发科技创新范式的变革和全球创新格局的重构,同时我国经济高质量发展对自主创新能力提出了更高要求。这既为我国科技创新带来新的战略机遇,也提出了新的严峻挑战。站在新的历史起点上,我国科技界要以习近平新时代中国特色社会主义思想为指导,不断开创我国科技事业发展新局面。

新中国成立以来,几代科技工作者把爱国之情、报国之志融入新中国科技创新的伟大事业中,把国家的需要、人民的期待置于个人利益之上,不懈追求、接续奋斗,攻克了一个又一个难关,创造了一个又一个奇迹,塑造出以"两弹一星"精神、载人航天精神为集中体现的创新奋斗精神,充分体现了我国知识分子的优秀精神品格,激励着一代又一代科技人才开拓创新、奋勇前行。党的十九大对我国科技创新作出全面部署,强调创新是引领发展的第一动力,是建设现代化经济体系的战略支撑。我国明确了建设科技强国的战略,即到2020年进入创新型国家行列;到2035年跻身创新型国家前列;到2050年建成世界科技强国,成为世界主要科学中心和创新高地。围绕这一系列宏伟目标,党中央从战略布局、发展路径、攻坚任务、体制机制改革等方面作出顶层设计和一系列战略部署,为我国科技事业发展指明了努力方向。广大科技工作者要发扬老一辈科学家的优良传统,自觉担负起建设创新型国家和世界科技强国的光荣使命,勇挑时代重担,勇做创新先锋,书写新时代科技创新的新篇章,为实现"两个一百年"奋斗目标和中华民族伟大复兴的中国梦作出积极贡献。

(作者为中国科学院院长、党组书记,中国科学院学部主席团执行主席)

(《人民日报》2019年07月10日09版)

指引新中国创造发展奇迹
——新中国成立 70 年马克思主义中国化光辉历程

徐光春

一部马克思主义中国化发展史,就是一部中国共产党将马克思主义基本原理同中国革命、建设、改革实际相结合而不断形成新理论、开创新境界、指导新实践的历史。新中国成立 70 年来,我们党持续推进马克思主义中国化,指引新中国创造了令世人瞩目的发展奇迹。

指引中国社会发生翻天覆地变化

"马克思主义的中国化"这一重大命题,是 1938 年毛泽东同志在延安举行的党的六届六中全会上首次提出的。从此,"马克思主义中国化"就被用来指代将马克思主义基本原理同中国具体实际相结合形成新理论、开创新境界、指导新实践这一坚持和发展马克思主义的思想理论创新,在中国共产党领导的革命、建设、改革事业中长期坚持下来。

1949 年 10 月 1 日,中华人民共和国成立。新中国成立后,中国发展向何处去的问题鲜明地摆在中国共产党和中国人民面前。新民主主义革命胜利后,如何通过社会主义革命,建立全新的社会主义制度?如何在中国这样一个经济文化比较落后的国家建设社会主义?以毛泽东同志为主要代表的中国共产党人没有被这些难题吓倒,坚定不移推进马克思主义中国化。新中国成立后,以毛泽东同志为主要代表的中国共产党人带领人民,在迅速医治战争创伤、恢复国民经济的基础上,不失时机提出了过渡时期总路线，创造性地完成了由新民主主义革命向社会主义革命的转变，使中国这个占世界 1/4 人口的东方大国进入社会主义社会，成功实现中国历史上最深刻最伟大的社会变革。社会主义基本制度确立后，如何在中国建设社会主义，是党面临的崭新课题。毛泽东同志对适合中国情况的社会主义建设道路进行了艰辛探索。他以苏联的经验教训为鉴戒，提出要创造新的理论、写出新的著作，把马克思列宁主义基本原理同中国实际进行"第二次结合"，找出在中国进行社会主义革命和建设的正确道路，制定把我国建设成为一个强大的社会主义国家的战略思想。在探索过程中，虽然经历了严重曲折，但党在社会主义革命和建设中取得的独创性理论成果和巨大成就，为在新的历史时期开创中国特色社会主义提供了宝贵经验、理论准备、物质基础。

指引形成中国特色社会主义道路

"文化大革命"结束后，中国历史发展处在转折关头，中国社会主义向何处去的问题突出地摆在全党和全国人民面前。以邓小平同志为主要代表的中国共产党人深刻总结历史经验教训，提出要破除长期形成的僵化观念，坚持解放思想、实事求是，走出一条建设社会主义的新道路。如何走出新道路？用邓小平同志的话来说，就是"把马克思主义的普遍真理同我国的具体实际结合起来，走自己的道路，建设有中国特色的社会主义"。这就要求继续推进马克思主义中国化，用创新理论指导创新实践，开辟建设社会主义新道路。

以邓小平同志为主要代表的中国共产党人，团结带领全党全国各族人民，深刻总结我国社会主义建设正反两方面经验，借鉴世界社会主义历史经验，创立了邓小平理论，作出把党和国家工作重心转移到经济建设上来、实行改革开放的历史性决策，深刻揭示社会主义本质，确立社会主义初级阶段基本路线，明确提出走自己的路、建设中国特色社会主义，科学回答了建设中国特色社会主义的一系列基本问题，制定了到 21 世纪中叶分三步走、基本实现社会主义现代化的发展战略，成功开创了中国特色社会主义。

以江泽民同志为主要代表的中国共产党人，团结带领全党全国各族人民，坚持党的基本理论、基本路线，加深了对什么是社会主义、怎样建设社会主义和建设什么样的党、怎样建设党的认识，积累了治党治国新的宝贵经验，形成了"三个代表"重要思想。在国内外形势十分复杂、世界社会主义出现严重曲折的严峻考验面前，捍卫了中国特色社会主义，确立了社会主义市场经济体制的改革目标和基本框架，确立了社会主义初级阶段的基本经济制度和分配制度，开创全面改革开放新局面，推进党的建设新的伟大工程，成功把中国特色社会主义推向21世纪。

以胡锦涛同志为主要代表的中国共产党人，团结带领全党全国各族人民，坚持以邓小平理论和"三个代表"重要思想为指导，根据新的发展要求，深刻认识和回答了新形势下实现什么样的发展、怎样发展等重大问题，形成了科学发展观，抓住重要战略机遇期，在全面建设小康社会进程中推进实践创新、理论创新、制度创新，强调坚持以人为本、全面协调可持续发展，形成中国特色社会主义事业总体布局，着力保障和改善民生，促进社会公平正义，推动建设和谐世界，推进党的执政能力建设和先进性建设，成功在新的历史起点上坚持和发展了中国特色社会主义。

指引中国特色社会主义进入新时代

党的十八大以来，以习近平同志为主要代表的中国共产党人，顺应时代发展，从理论和实践结合上系统回答了新时代坚持和发展什么样的中国特色社会主义、怎样坚持和发展中国特色社会主义这个重大时代课题，创立了习近平新时代中国特色社会主义思想。我们党坚持以习近平新时代中国特色社会主义思想为指导，解决了许多长期想解决而没有解决的难题，办成了许多过去想办而没有办成的大事，推动党和国家事业取得历史性成就、发生历史性变革，中国特色社会主义得到前所未有的巨大发展。为此，党的十九大郑重宣布中国特色社会主义进入新时代，将习近平新时代中国特色社会主义思想确立为我们党必须长期坚持的指导思想。

作为马克思主义中国化最新成果，习近平新时代中国特色社会主义思想具有鲜明的时代性、原创性和实践性。时代性，主要体现在习近平同志关于中国特色社会主义进入新时代的重大判断上，关于中国特色社会主义进入新时代重大意义的揭示上，关于中国特色社会主义新时代内涵的重要论述上，关于新时代中国共产党历史使命的深刻阐述上，等等。原创性，集中体现在党的十九大报告概括的关于习近平新时代中国特色社会主义思想"八个明确"和"十四个坚持"的内容中。"八个明确"和"十四个坚持"都是习近平新时代中国特色社会主义思想的重要组成部分。其中，关于我国社会主要矛盾的变化、中国特色社会主义最本质的特征和中国特色社会主义制度的最大优势、坚持以人民为中心的发展思想、伟大的社会革命和自我革命、推动构建人类命运共同体等重要论述都是原创性的。习近平新时代中国特色社会主义思想还从新时代新征程的角度，从中国共产党的根本宗旨和中华民族伟大复兴的高度，从中国发展现实和世界大发展大变革大调整的维度，对新时代坚持和发展中国特色社会主义进行一系列创造性的谋划和决策，提出一系列原创性的思想和观点。实践性，突出体现在习近平新时代中国特色社会主义思想是在新时代中国特色社会主义伟大实践中形成的，回答的是时代之问、人民之问、实践之问。同时，习近平新时代中国特色社会主义思想又是指导和引领新时代中国特色社会主义实践发展的科学理论和行动纲领，推动新时代中国特色社会主义实践不断创新发展。在习近平新时代中国特色社会主义思想指引下，中国特色社会主义事业正不断开创新局面。

70年来马克思主义中国化的鲜明特点

新中国成立70年，是马克思主义中国化不断创新发展的70年。回顾70年来马克思主义中国化的光辉历程，可以清晰看出其鲜明特点。

把坚持马克思主义和发展马克思主义有机结合起来。坚持马克思主义是我们党作为马克思主义政党的本质要求，我们党始终把马克思主义作为

光辉的历程
——新中国成立70年的成就与启示

立党立国的根本指导思想。新中国成立后，我们党发扬革命战争年代的优良传统，不仅坚持马克思主义，而且注重从新中国的具体国情出发，紧密结合新中国各个历史时期的具体实际，不断创新发展马克思主义，使马克思主义充满生机活力。

把马克思主义基本原理同中国具体实际有机结合起来。马克思主义中国化的实质，是运用马克思主义基本原理观察、分析、研究、解决中国革命、建设、改革中的重大理论和实践问题，从而形成不同历史条件下、不同实践基础上新的思想理论成果。新中国成立70年来，一代又一代中国共产党人坚持不懈把马克思主义基本原理同各个历史时期的具体实际结合起来，不断进行理论思考和实践探索，形成具有鲜明时代特点和丰富内涵的中国化马克思主义。

把理论创新和实践创新有机结合起来。理论和实践相结合，是理论指导实践的根本途径和基本方法，是马克思主义认识论实践论的充分体现和具体运用。马克思主义中国化的目的是用发展着的马克思主义指引中国革命、建设、改革实践，必须把理论创新和实践创新有机结合起来。新中国成立70年来，中国共产党人在理论创新中推进实践创新，在实践创新中开展理论创新，取得一系列重大理论成果和实践成果。

把回答重大时代课题和回应人民重大关切有机结合起来。回答不同历史时期的重大时代课题，是马克思主义中国化的使命和任务，马克思主义中国化的理论成果也正是在不断回答重大时代课题的过程中创立和形成的。人民是历史的创造者，人民的重大关切是时代的呼声、时代的强音，是重大时代课题的具体反映。新中国成立70年来，中国共产党人充分发挥人民主体作用，有力推进马克思主义中国化，推动中国特色社会主义不断开创新局面。

（作者为中央马克思主义理论研究和建设工程咨询委员会主任）

（《人民日报》2019年07月17日09版）

不断拓展中国特色社会主义法治道路

李 林

中国特色社会主义法治道路汲取中华法律文化精华，借鉴国外法治有益经验，是符合中国实际、具有中国特色、体现社会发展规律的法治发展道路，是建设社会主义法治国家的唯一正确道路。

党的十八大以来，以习近平同志为核心的党中央深化对社会主义法治建设规律的认识，领导人民全面推进依法治国，加快建设法治中国，从理论和实践两方面深化和拓展了中国特色社会主义法治道路。

建设中国特色社会主义法治体系、建设社会主义法治国家，必须把全面依法治国与党带领人民实现中华民族伟大复兴的历史使命紧密结合起来，把全面依法治国融入我们党进行伟大斗争、建设伟大工程、推进伟大事业、实现伟大梦想的历史洪流中。

法治兴则国家兴，法治衰则国家乱。新中国成立70年来所取得的伟大成就，离不开法治的支撑和护航。我们党领导人民历尽艰辛、在长期奋斗中开辟的中国特色社会主义法治道路，熔铸于中国革命、建设、改革的历史进程，是我国经济社会长期发展、渐进改进、内生性演化的结果，也是中国对人类法治文明发展作出的重要贡献，具有无比强大的生命力。

艰辛探索适合中国国情的法治道路

中国共产党成立后，开始探索一条适合中国革命、建设、改革实际的法治发展道路。在革命战争年代，我们党就带领人民积极进行根据地法制建设，积累了宝贵经验。新中国成立后，我们党大力推进社会主义法治，迅速制定了一批重要法律法规，制定颁布了新中国第一部宪法，初步奠定了社会主义法治的基础。1956年，党的八大提出："国家必须根据需要，逐步地系统地制定完备的法律。一切国家机关和国家工作人员必须严格遵守国家的法律，使人民的民主权利充分地受到国家的保护。"这就明确了健全法制、严格守法并保障人民权利的法治发展目标。后来，党在指导思想上发生"左"的错误，特别是"文化大革命"使法制遭到严重破坏，付出沉重代价。正反两方面的经验教训，使我们深刻认识到：唯有法治才能实现国家长治久安。

党的十一届三中全会拨乱反正，提出"必须加强社会主义法制""做到有法可依，有法必依，执法必严，违法必究"的方针，社会主义法治建设重新走上正轨，并在改革开放伟大实践中不断走向深入。1997年党的十五大提出依法治国，建设社会主义法治国家。1999年，"依法治国，建设社会主义法治国家"被写入宪法。到2010年，中国特色社会主义法律体系基本形成，一条植根于中国土壤、适合中国国情、不同于西方国家法治模式的法治发展道路日渐成熟定型。事实证明，只有中国特色社会主义才能发展中国；只有在党的领导下依法治国、厉行法治，才能坚持和发展中国特色社会主义；只有沿着我们自己走出来的中国特色社会主义法治道路，才能从根本上保证我国法治建设的正确方向，实现依法治国。

中国特色社会主义法治道路，体现了中国共产党领导中国人民对实现法治现代化规律的持续探索、对人类法治文明的不懈追求，既汲取中华法律文化精华，又借鉴国外法治有益经验；既与时俱进、体现时代精神，又不照抄照搬别国法治模式，是符合中国实际、具有中国特色、体现社会发展规律的法治发展道路，是新中国社会主义法治建设成就和经验的集中体现，是我们建设社会主义法治国家的唯一正确道路。

中国特色社会主义法治道路不断拓展

党的十八大以来，以习近平同志为核心的党中央从理论和实践结合上深化对社会主义法治建设规律的认识，提出全面依法治国是中国特色社会主义的本质要求和重要保障、是国家治理的一场深刻革命，把全面依法治国纳入"四个全面"战略布局，将全面依法治国与推进国家治理体系和治理能力现代化有机统一起来，开创了全面依法治国新局面，社会主义法治建设取得历史性成就。

以习近平同志为核心的党中央深刻总结新中国成立以来社会主义法治建设经验，明确提出了全面依法治国要走什么道路的问题。习近平同志强调，全面推进依法治国，必须走对路。如果路走错了，南辕北辙了，那再提什么要求和举措也都没有意义了。党的十八届四中全会首次以中央全会决议的形式提出坚定不移走中国特色社会主义法治道路、建设中国特色社会主义法治体系的重大论断，深刻回答中国特色社会主义法治向哪里走、走什么路、实现什么目标、如何实现目标等一系列重大问题，明确建设社会主义法治国家的性质、方向、道路、抓手。这就指明了全面推进依法治国的正确方向，统一了全党全国各族人民的认识和行动，具有重要的理论和实践意义。

坚持中国特色社会主义法治道路，关键是坚持党的全面领导。党的领导是中国特色社会主义最本质的特征，是中国特色社会主义制度的最大优势，也是社会主义法治最根本的保证。只有坚持党的领导，才能有力有序推进法治建设。中国特色社会主义制度是中国特色社会主义法治体系的根本制度基础，是全面推进依法治国的根本制度保障。中国特色社会主义法治理论是中国特色社会主义法治体系的理论指导和学理支撑，是全面推进依法治国的行动指南。坚持党的领导、坚持中国特色社会主义制度、贯彻中国特色社会主义法治理论，这三个方面是理解和把握中国特色社会主义法治道路的关键。只有牢牢把握这三个方面，才能确保中国特色社会主义法治体系的根本属性和前进方向，才能立足中国实际建设好社会主义法治国家。

坚持中国特色社会主义法治道路，根本目的是保障人民权益。我们党始终坚持法治为了人民、依靠人民、造福人民、保护人民。只有坚持人民主体地位，才能从根本上保障人民权益；只有坚持法律面前人人平等，才能维护社会公平正义。中国特色社会主义法治道路强调把体现人民利益、反映人民愿望、维护人民权益、增进人民福祉落实到依法治国全过程，使法律及其实施充分体现人民意志；强调必须保障公民人身权、财产权、人格权、基本政治权利等各项权利不受侵犯，保证公民的经济、文化、社会等各方面权利得到落实，努力维护最广大人民根本利益，保障实现人民群众对美好生活的向往和追求。

党的十八大以来，我们党领导人民全面推进依法治国，加快建设法治中国，从理论和实践两方面深化和拓展中国特色社会主义法治道路。我们加强中国特色社会主义法治理论建设，以习近平新时代中国特色社会主义思想为指导，创造性地丰富和发展了中国特色社会主义法治理论，形成全面依法治国新理念新思想新战略，在坚持和拓展中国特色社会主义法治道路这个根本问题上，树立了自信、保持了定力。我们从中国实际出发，坚持依法治国、依法执政、依法行政共同推进，坚持法治国家、法治政府、法治社会一体建设，坚持依法治国和依规治党有机统一，坚持依法治国和以德治国相结合，深化国家监察体制改革、行政体制改革、司法体制改革、健全权力运行制约和监督体系，促进科学立法、严格执法、公正司法、全民守法前后衔接、相互依存、环环相扣，努力建设一整套系统完备、科学规范、运行有效、成熟定型的法律规范体系、法治实施体系、法治监督体系、法治保障体系、党内法规体系，使党的领导、人民当家作主、依法治国有机统一的制度建设全面加强，中国特色社会主义法治体系日益完善，社会主义法治文化繁荣发展，全社会法治信仰、法治意识、法治观念、法治思维明显增强。

开启法治中国建设新征程

随着中国特色社会主义进入新时代,广大人民群众不仅对物质文化生活提出了更高要求,而且在民主、法治、公平、正义、安全、环境等方面的要求日益增长。法治中国建设面临着新形势新任务新要求。同时,全面建成小康社会进入决胜阶段,改革进入攻坚期和深水区,国际形势复杂多变,我们面对的改革发展稳定任务之重前所未有,面对的矛盾风险挑战之多前所未有,对党治国理政的考验之大前所未有。这就要求我们必须把依法治国摆在更加突出的位置,继续坚持和拓展中国特色社会主义法治道路,把党和国家工作全面纳入法治化轨道,从法治上为解决当前的突出矛盾和问题提供制度化方案。

站在我国发展新的历史方位,实现建设中国特色社会主义法治体系、建设社会主义法治国家的全面依法治国总目标,必须把全面依法治国与党带领人民实现中华民族伟大复兴的崇高历史使命紧密结合起来、深度融合起来,把全面依法治国融入我们党进行伟大斗争、建设伟大工程、推进伟大事业、实现伟大梦想的历史洪流中。特别应从党和国家工作大局出发,在法治领域坚定不移全面深化改革,破除束缚全面依法治国的体制机制障碍。只要有利于提高党的执政能力、巩固党的执政地位,有利于维护宪法和法律权威,有利于保障人民权益、维护社会公平正义、实现国家长治久安,不管遇到什么阻力和干扰,都坚定不移推进改革,用不断完善和发展的中国特色社会主义法治体系促进和保障中国特色社会主义制度更加成熟更加定型,为党和国家事业发展、人民幸福安康、社会和谐稳定提供一整套更完备、更稳定、更管用的制度体系。

今天,法治中国建设新征程已经开启。我们比以往任何时候都更有决心、更有信心、更有能力在党的领导下坚定不移全面推进依法治国,如期完成党的十九大对法治中国建设作出的战略安排,发展出更加适应中国社会具体需求的法治文明,走出一条发展中国家实现国家治理体系和治理能力现代化的新路。展望未来,中国特色社会主义法治道路必将继续展现其独特优势,在解决自身发展实践问题的过程中彰显更加鲜明的中国特色、中国风格、中国气派,并对人类法治文明发展作出新的更大贡献。

(作者为中国社会科学院学部委员、法学研究所研究员)

(《人民日报》2019年07月18日09版)

不断推进国防和军队现代化建设

国防大学习近平新时代中国特色社会主义思想研究中心

新中国成立70年来,国防和军队建设不断适应形势任务变化,取得伟大成就。政治工作生命线作用充分彰显,构建中国特色军事力量体系迈出历史性步伐,武器装备体系建设和现代化水平实现历史性跨越,国防和军队建设法治化水平不断提高,有效履行维护国家主权、安全和发展利益的使命任务。新中国成立70年来我们党领导国防和军队建设取得的伟大成就、积累的宝贵经验,为我们在新时代开辟国防和军队建设新境界提供了深刻启示。

强国必须强军,军强才能国安。伴随着新中国前进的步伐,70年来国防和军队建设不断适应形势任务变化,开创现代化建设新局面,人民军队履行职能使命的能力显著提高,为实现中华民族伟大复兴提供了有力战略支撑。

国防和军队现代化建设的伟大成就

新中国成立70年来,人民军队在中国共产党领导下,积极投身社会主义革命、建设、改革伟大实践,全面履行职能使命,取得了历史性成就。特别是党的十八大以来,以党在新时代的强军目标为指引,人民军队重整行装再出发,在中国特色强军之路上迈出了坚实步伐。70年来,人民军队革命化现代化正规化水平不断提高,威慑和实战能力不断增强,已经由过去单一军种的军队发展成为诸军兵种联合，基本实现机械化、加快迈向信息化的强大军队。

政治工作生命线作用充分彰显。政治工作是我军的生命线，是保持我军性质、宗旨、本色的重要保障。新中国成立后，毛泽东同志把政治工作摆在国防和军队建设的重要位置，领导制定了建设优良的现代化革命军队的总方针。"文化大革命"结束后，我们党强调要把政治工作的优良传统恢复起来。伴随着改革开放进程，军队政治工作不断发展进步。党的十八大后，习近平同志亲自决策和领导召开全军政治工作会议，对强军兴军作出新的政治擘画，开启了新形势下政治建军创新发展新征程。人民军队重塑思想、重塑作风、重塑政治生态，立起政治建军新方略、立起革命军人新标准、立起人民军队新样子。

构建中国特色军事力量体系迈出历史性步伐。新中国成立之初，我军陆军技术兵种部队数量很少，空军、海军处于初创阶段。为适应现代战争的要求，通过多次精简整编，我军逐步由单一陆军向诸军兵种合成的现代军队转变。改革开放后，基于对国际战略形势的新判断，邓小平同志提出了建设一支强大的现代化正规化革命军队的总目标。经过压缩军队规模，精简机关、直属单位和院校，优化军兵种内部编成，改革领导指挥体制，深化联勤保障体制改革，改善官兵比例，人民军队朝着"精兵、合成、高效"的方向不断迈进。党的十八大以来，以习近平同志为核心的党中央提出党在新时代的强军目标，作出走中国特色强军之路的重大决策，建立适应信息化战争要求的军委管总、战区主战、军种主建的新格局，军队规模结构和力量编成改革压茬推进，实现了由数量规模型向质量效能型、由人力密集型向科技密集型的转变，在中国特色强军之路上迈出历史性步伐。

武器装备体系建设和现代化水平实现历史性跨越。新中国成立后，毛泽东同志就提出"必须掌握最新的装备"。社会主义建设时期，我国集中力量突破重点领域，研制成功原子弹、氢弹、弹道导弹，发射人造地球卫星，带动我军武器装备建设快速发展，我国建立起完整的国防工业体系。改革开放后，我军把武器装备建设摆到更加突出的位置，走具有我军特色的武器装备现代化建设道路。新世纪新阶段，我军加快信息化武器装备建设步伐，有力推动了武器装备的自主式发展、跨越式发展、可持续发展。进入新时代，习近平同志强调，当前和今后一个时期是我军装备建设的战略机遇期，也是实现跨越式发展的关键时期。一定要增强使命意识，抓住机遇，鼓足干劲，把装备建设搞得更好一些、更快一些。经过多年坚持不懈地自力更生、艰苦攻关，我军武器装备现代化水平实现历史性跨越，建成了具有中国特色的武器装备体系，装备现代化建设不断实现新突破。

国防和军队建设法治化水平不断提高。新中国成立后，毛泽东同志提出要实现军队正规化，全军建立了集中统一的指挥体制，实行了规范化的部队编制，制定了一系列军事法规，正规化水平有了显著提高。改革开放后，邓小平同志作出了全面恢复和建立军事法规制度的重大决策。随着世界新军事革命深入发展和我国改革开放力度不断加大，党中央和中央军委审时度势，不断推进军事法律、法规和规章建设，逐步形成了覆盖军队建设各个层面的军事法规体系。进入新时代，习近平同志强调，依法治军从严治军是强军之基，是我们党建军治军的基本方略。2015年2月，中央军委印发《关于新形势下深入推进依法治军从严治军的决定》，人民军队法治化建设进入快车道。党的十八大以来，我军改革完善军事立法体制机制，加强立法顶层设计，抓好重点立法项目落实，一大批改革急需、备战急用的法律法规陆续制定颁布或修订实施，中国特色军事法规制度体系不断发展完善。

有效履行维护国家主权、安全和发展利益的使命任务。新中国成立后，我军追歼残敌，进军边疆，剿灭匪特，粉碎国民党军队窜犯袭扰，胜利进行抗美援朝战争和多次边境自卫作战，打出了国威军威，捍卫了祖国万里边疆和辽阔海空。改革开放新时期，人民军队着眼维护和平、遏制危机和打赢战争，加强战备工作和实战化演习演练，随时应对和坚决制止一切危害国家主权、安全和发展利益的挑衅行为，坚决维护国家核心利益；坚决响应党中央、中央军委号召，积极完成重大工程建设、抢险救灾等最紧急、最艰难、最危险的任务，在抗击特大地震、森林火灾、特大洪水、非典疫情等重大灾害中为保卫人民生命财产不怕牺牲；完成依法履行香港、澳门防务职责，有效应对国家安全面临的各种威胁，坚决打击一切形式的分裂破坏活动，积极参与对外军事交流合作和联合国维和行动等重大任务，有效履行自身职能使命。

推进国防和军队现代化建设的历史启示

新中国成立70年来，我们党领导国防和军队建设取得的伟大成就、积累的宝贵经验，为我们在新时代开辟国防和军队建设新境界提供了深刻启示。

坚持党对军队的绝对领导。党对军队的绝对领导，是人民军队的建军之本、强军之魂，是人民军队始终保持强大凝聚力、向心力、创造力、战斗力的根本保证，是70年来我军不断发展壮大的根本原因。全军官兵要不断强化"四个意识"，全面贯彻党领导人民军队的一系列根本原则和制度，全面深入贯彻军委主席负责制，确保绝对忠诚、绝对纯洁、绝对可靠，确保枪杆子永远听党指挥。

坚持先进军事理论指导。70年来，人民军队之所以不断发展壮大，关键在于始终坚持先进军事理论的指导。在长期实践中，我们党始终坚持运用马克思主义立场观点方法观察处理当代中国军事问题，在世界军事史上书写了不断创新军事指导理论的生动篇章。习近平强军思想植根于强国强军的新时代，实现了马克思主义军事理论中国化时代化的新飞跃，为我军走中国特色强军之路提供了根本遵循。全军官兵要深刻认识习近平强军思想的重大意义，牢固确立习近平强军思想在国防和军队建设中的指导地位，更加自觉地用以武装头脑、指导实践、推动工作；在真正学懂弄通做实上下功夫，切实纠治不良学风，做到学思用贯通、知信行统一；把是否真正解决问题作为衡量学习贯彻成效的重要尺度，找准问题症结，破到问题深处，拿出真招实策，通过不断解决问题，将国防和军队建设持续向前推进，让党的军事理论在强军实践中放射出更加灿烂的真理光芒。

不断提高履行使命任务能力。军队因使命而存在。我军要担负起为巩固中国共产党领导和我国社会主义制度提供战略支撑，为捍卫国家主权、统一、领土完整提供战略支撑，为拓展我国海外利益提供战略支撑，为促进世界和平与发展提供战略支撑的新时代使命任务，必须不断提高打赢能力，这也是支撑中华民族伟大复兴的战略要求。全军官兵必须强化忧患意识，坚持底线思维，全部心思向打仗聚焦，各项工作向打仗用劲，深入贯彻新形势下军事战略方针，认真研究军事、研究战争、研究打仗，把握现代战争规律和战争指导规律，扎扎实实做好军事斗争准备各项工作，把我军锻造成为召之即来、来之能战、战之必胜的精兵劲旅，确保在党和人民需要的时候拉得出、上得去、打得赢。

坚持改革创新。70年人民军队的发展壮大史，就是一部改革创新史。新中国成立后多次调整体制编制，人民军队边战边改、边建边改，愈改愈强。历史昭示我们，改革创新、与时俱进，是人民军队不断发展的康庄大道。只有不断改革创新，才能不断获得发展进步的生机活力，才能永远立于不败之地。前进道路上，人民军队必须勇于改革、善于创新，任何时候任何情况下都永不僵化、永不停滞。全军官兵必须自觉站在全局高度认识改革，从一切不合时宜的思维定势、固有模式、路径依赖中解放出来，坚定不移把改革进行到底。

坚持富国和强军相统一。经济建设和国防建设协调发展，是事关国家兴衰、人民福祉的重大战略问题。在国家竞争力、社会生产力、军队战斗力的耦合关联越来越紧密的信息化时代，国防经济和社会经济、军用技术和民用技术的融合度越来越高。这就要求我们必须坚持发展和安全兼顾、富国和强军统一，实施军民融合发展战略，发挥好军民融合对国防建设和经济社会发展的双向支撑拉动作用,加快形成全要素、多领域、高效益的军民融合深度发展格局,努力开创经济建设和国防建设协调发展、平衡发展、兼容发展新局面,构建军民一体化的国家战略体系和能力。

(执笔:赵周贤 徐志栋)

(《人民日报》2019年07月31日08版)

推动立法工作不断实现新发展

乔晓阳

　　科学立法、民主立法、依法立法强调从国情和实际出发，遵循法律体系的内在规律，坚持立法为了人民、依靠人民，依照法定权限和程序进行立法，维护社会主义法制的统一、尊严、权威。新中国成立70年来，在党中央集中统一领导下，全国人大及其常委会在立法中发挥主导作用，科学立法、民主立法、依法立法展开丰富实践。特别是党的十八大以来，全国人大及其常委会加强和改进立法工作，取得突出成就。在新时代做好立法工作，需要继续深入推进科学立法、民主立法、依法立法，推动立法工作迈上新台阶。

　　新中国成立70年来，在党中央集中统一领导下，全国人大及其常委会紧紧围绕党和国家工作大局，持续推进科学立法、民主立法、依法立法，形成并不断完善中国特色社会主义法律体系，国家生活和社会生活各方面从无法可依到有法可依，进而向良法善治不断发展。70年立法实践取得辉煌成就，积累了宝贵经验，总结这些经验对于做好新时代立法工作具有十分重要的意义。我们要以习近平新时代中国特色社会主义思想为指导，切实把党的领导贯彻到立法工作全过程，不断加强和改进立法工作，推动立法工作取得新成就、实现新发展。

科学立法、民主立法、依法立法展开丰富实践

1949年新中国的成立,为社会主义法制建设奠定了根本政治前提。1954年第一届全国人大第一次会议召开,通过了新中国第一部宪法,同时制定了全国人大组织法、国务院组织法等一系列法律,开启了科学立法、民主立法、依法立法的实践。

坚持科学立法。科学立法,核心在于立法要尊重和体现客观规律,从国情和实际出发,顺应时代发展要求,遵循法律体系的内在规律。改革开放开启了法制建设和立法工作新征程。1979年7月,五届全国人大二次会议通过地方组织法、选举法、刑法、中外合资经营企业法等7部法律,拉开了新时期大规模立法的序幕。1982年颁布现行宪法,确立了一系列经济制度、政治制度、社会制度,为改革开放和社会主义现代化建设奠定了制度基础。在党中央领导下,经过各方面坚持不懈的共同努力,到2010年底中国特色社会主义法律体系如期形成,这是我们党坚持依法治国、依法执政的历史性成就。改革开放40多年来,全国人大及其常委会根据经济社会发展和改革开放需要,不断调整立法工作重心,加快立法工作步伐,加强重点领域立法,立法工作始终与经济社会发展同频共振。

坚持民主立法。民主立法,核心在于立法为了人民、依靠人民,使法律真正反映人民意愿、保障人民权利。全国人大及其常委会高度重视通过立法保障人民享有广泛的权利,改革开放初期就抓紧制定有关保障公民和法人合法权益的重要法律。1986年制定作为民事基本法律的民法通则,其后又制定一系列民商事单行法律。2017年全国人大制定民法总则,使民法典编纂翻开关键一页。面对人民群众关注的生态环保、食品安全等领域的难点、痛点,坚持人民有所呼、立法有所应,生动诠释立法为民的理念。在立法程序上,贯彻党的群众路线,通过各种方式汇集、反映民意,形成立法座谈会、论证会、听证会及基层立法联系点等一系列制度,为立法求得"最大公约数"。

坚持依法立法。依法立法，核心在于依照法定权限和程序立法，切实遵循不抵触原则，不违背宪法原则和精神，不违背上位法的规定，自觉维护社会主义法制的统一、尊严、权威。2000年制定、2015年修改的立法法作为"管法的法"，对规范立法活动、提高立法质量、维护法制统一作了更加完善的规定。随着实践深入发展，全国人大及其常委会在立法中的主导作用日益凸显。2015年以来，全国人大及其常委会连续通过民法总则、外商投资法等重要法律案，依法立法取得新进展。

科学立法、民主立法、依法立法取得突出成就

中国特色社会主义法律体系形成后，立法任务依然艰巨而繁重。党的十八大以来，习近平同志针对全面依法治国面临的新形势新任务新要求，围绕法治建设和立法工作提出一系列新理念新思想新战略，为加强和改进立法工作提供了重要指导。全国人大及其常委会紧紧围绕贯彻落实党中央决策部署，紧紧围绕"五位一体"总体布局和"四个全面"战略布局，不断加强和改进立法工作，扎实推进重点领域立法，立法工作取得突出成就。

及时修改完善宪法，有力保障宪法实施。宪法是国家的根本法，是治国安邦的总章程。八二宪法颁布后，在党中央领导下，全国人大先后五次修改现行宪法。其中，2018年修宪是修正案条文最多的一次，全面体现了中国特色社会主义建设和改革实践取得的重大理论创新、实践创新、制度创新成果，为夺取新时代中国特色社会主义伟大胜利提供了有力宪法保障。同时，不断健全保证宪法实施的法律制度，设立国家宪法日，建立宪法宣誓制度，实施宪法规定的特赦制度、国家勋章和国家荣誉称号制度、法律解释制度等，通过立法、执法、司法、守法全面实施宪法，使宪法实施进入前所未有的新境界，宪法权威达到前所未有的新高度。

聚焦重点领域立法，不断完善法律体系。落实总体国家安全观，先后制定国家安全法、反间谍法、反恐怖主义法、网络安全法等，及时修订刑法等，维护国家核心利益和其他重大利益；制定民法总则，扎实推进民法

典各分编的编纂工作，夯实民商事法律制度基础；落实"绿水青山就是金山银山"理念，制定土壤污染防治法，修改环境保护法、大气污染防治法、水污染防治法、海洋环境保护法等，建立生态环境和资源保护公益诉讼制度，构建最严格的生态环境保护法律制度；制定公共文化服务保障法、电影产业促进法等，激发文化创造活力，保障人民基本文化权益；重视和关注民生，制定慈善法、反家庭暴力法等，修改食品安全法、人口与计划生育法等，保障人民群众合法权益；制定英雄烈士保护法等，推动社会主义核心价值观融入法律体系；等等。

发挥立法对改革的引领推动作用，实现立法与改革协调推进。确保重大改革于法有据，坚持立法决策与改革决策相衔接，立法主动适应改革开放和经济社会发展需要，综合运用立改废释等多种方式，在法治下推进改革，在改革中完善法治。为落实党的十八届三中、四中全会提出的重大改革举措，全国人大常委会及时调整立法规划，制定一系列新的法律；及时作出20多项授权决定和改革决定，为特定地方、特定领域推进改革先行先试提供有力支撑。

与时俱进完善立法体制，不断健全立法工作机制。立法体制的发展变迁是我国政治体制改革、经济发展和社会变革的缩影。党的十一届三中全会以后，宪法、立法法、地方组织法等逐步完善，立法体制更加科学，在坚持中央集中统一领导的前提下，建立起权力机关与行政机关、中央与地方共同行使立法权的模式。2015年修改立法法，赋予所有设区的市地方立法权。这种既统一又分层次的立法体制有利于调动中央和地方两个积极性，同时让广大人民群众有更多机会通过立法参与管理国家和社会事务。全国人大常委会还不断健全立法工作制度，不断提高立法的科学化、民主化水平。

继续深入推进科学立法、民主立法、依法立法

新中国成立70年来，我们推进科学立法、民主立法、依法立法，形成并不断完善以宪法为核心的中国特色社会主义法律体系，走出了一条中

国特色立法道路，为开辟和坚持中国特色社会主义道路提供了制度保障。做好新时代的立法工作，需要认真总结经验，继续深入推进科学立法、民主立法、依法立法，推动立法工作迈上新台阶。

坚持党的领导。党的领导是中国特色社会主义最本质的特征，是中国特色社会主义法治之魂。坚持党的领导，是立法工作的一个政治原则，也是做好立法工作的根本保证。新时代立法工作要坚持以习近平新时代中国特色社会主义思想为指导，坚持党对立法工作的领导，坚决把党的路线方针政策和决策部署贯彻落实到立法工作全过程和各方面，使党的主张通过法定程序成为国家意志，成为全社会一体遵循的行为规范和活动准则。坚持运用法治思维、法治原则、法治方式，实现党对立法工作领导的制度化、规范化、程序化，充分发挥党总揽全局、协调各方的作用，确保立法工作始终沿着正确方向前进。

坚持从中国国情和实际出发。实践是法律的基础，法律要随着实践发展而发展。新时代立法工作应坚持从实际出发，立足中国国情，回应现实需求，符合经济社会发展水平。根据党和国家事业发展的新形势、人民群众对美好生活的新期待和全面依法治国的新要求，科学研究制定立法规划计划，加强重点领域立法，提高法律的针对性、及时性、有效性、系统性，使法律准确反映经济社会发展要求。妥善处理改革和立法的关系，实现立法和改革决策相衔接，做到重大改革于法有据，通过立法保障和服务改革发展。自觉遵循立法活动规律，提高立法的精细化水平，实现立法工作制度化、规范化，以高质量立法促进高质量发展。

坚持人民主体地位。法治建设必须为了人民、依靠人民、造福人民、保护人民。新时代立法工作要坚持人民主体地位，贯彻以人民为中心的发展思想，不断满足人民群众在民主、法治、公平、正义、安全、环境等方面的要求，用法治保障人民权益、增进人民福祉。在党的领导和支持下，充分发挥人大及其常委会在立法中的主导作用，加强人大对立法工作的组织协调，完善人大专门委员会、常委会工作机构组织起草重要法律案制度。

突出人大代表主体地位，扩大代表参与立法工作的覆盖面，健全代表参与立法工作机制，提高代表参与立法工作能力。健全立法机关和社会公众沟通机制，深化民主立法实践，保障人民能够通过多种途径参与立法活动。

坚持国家法制统一。党的十八大以来，党和国家治理方式发生深刻变革。习近平同志强调，全面贯彻实施宪法，是建设社会主义法治国家的首要任务和基础性工作。新时代立法工作要自觉恪守宪法原则、弘扬宪法精神、履行宪法使命，贯彻落实宪法各项规定，不断完善以宪法为核心的中国特色社会主义法律体系，以科学有效、系统完备的制度体系保证宪法实施，保证宪法确立的制度和原则得到落实。完善宪法监督制度，加强宪法解释，加强备案审查工作，推进合宪性审查工作，坚决纠正违宪违法问题。综合运用制定、修改、废止、解释、清理等多种形式，实现法律体系的内在科学和谐统一，维护社会主义法制的统一、尊严、权威。

（作者为第十二届全国人民代表大会法律委员会主任委员）

（《人民日报》2019年08月07日17版）

不断深化对社会主义建设规律的认识

唐洲雁

新中国成立70年的实践表明，推进社会主义建设，必须坚持党的领导，为社会主义现代化建设提供根本保证；必须坚持一切从我国基本国情出发，准确把握我国发展所处历史阶段和社会主要矛盾；必须根据不同发展阶段特征科学制定国家发展战略；必须深刻认识改革开放是坚持和发展中国特色社会主义的必由之路，将改革开放进行到底；必须坚持全心全意为人民服务，不断满足人民对美好生活的向往。

历史的发展，总有规律可循。新中国成立以来的70年，既是中华民族从站起来、富起来走向强起来的70年，也是我们党带领人民不懈探索社会主义建设规律的70年。风雨多经人不老，关山初度路犹长。站在新的历史起点上，进一步凝聚思想共识、汇聚发展力量，推进新时代中国特色社会主义伟大事业，需要不断总结和深化对社会主义建设规律的认识。其中，以下几个方面十分重要、弥足珍贵。

发挥党的领导核心作用

办好中国的事情，关键在党。坚持中国共产党领导，是历史的选择、人民的选择。1954年，毛泽东同志指出："领导我们事业的核心力量是中国共产党。"党的十一届三中全会以后，针对改革开放面临的新情况新问题，我们党提出了包括坚持中国共产党的领导在内的四项基本原则，将其作为社会主义初级阶段党的基本路线的重要内容。实践证明，坚持党的领导，社会主义现代化建设才能顺利推进。

中国特色社会主义进入新时代，我们党不断深化对坚持和加强党的全面领导的规律性认识。习近平同志指出，中国特色社会主义最本质的特征是中国共产党领导，中国特色社会主义制度的最大优势是中国共产党领导。中国特色社会主义道路，是我们党领导人民开创拓展的；中国特色社会主义理论体系，是我们党集体智慧的结晶；中国特色社会主义制度，是在我们党的领导下建立的，并将坚持党的领导摆在第一位；中国特色社会主义文化，是在我们党领导下繁荣发展起来的。毋庸置疑，没有党的领导就没有中国特色社会主义。

坚持党对一切工作的领导，是党和国家的根本所在、命脉所在，是全国各族人民的利益所在、幸福所在。在新时代，统揽"四个伟大"，一刻也离不开党的领导，必须坚决维护习近平同志党中央的核心、全党的核心地位，坚决维护党中央权威和集中统一领导。我们要坚持以党的政治建设为统领，把政治标准和政治要求贯穿党的思想建设、组织建设、作风建设、纪律建设以及制度建设、反腐败斗争始终，以政治上的加强推动全面从严治党向纵深发展，全面提高党的建设质量，确保党始终发挥总揽全局、协调各方的领导核心作用。

准确把握我国发展所处历史阶段和社会主要矛盾

准确把握我国发展所处历史阶段和社会主要矛盾，是进行社会主义建设的首要问题，也是我们制定和执行正确路线方针政策的重要依据。

上世纪50年代末60年代初，毛泽东同志提出社会主义社会可以区分为"不发达"和"比较发达"两个阶段。1956年，党的八大指出，我们国内的主要矛盾，已经是人民对于建立先进的工业国的要求同落后的农业国的现实之间的矛盾，已经是人民对于经济文化迅速发展的需要同当前经济文化不能满足人民需要的状况之间的矛盾。1981年，党的十一届六中全会强调，在社会主义改造基本完成以后，我国所要解决的主要矛盾，是人民日益增长的物质文化需要同落后的社会生产之间的矛盾。1987年，党的十三大系统阐述了社会主义初级阶段理论，明确概括了党在社会主义初级阶段的基本路线。

习近平同志在党的十九大报告中指出，中国特色社会主义进入新时代，我国社会主要矛盾已经转化为人民日益增长的美好生活需要和不平衡不充分的发展之间的矛盾。这一重大政治论断，切合我国社会发展的客观实际，丰富和发展了马克思主义关于社会矛盾的学说。同时必须认识到，社会主要矛盾的变化，没有改变我们对我国社会主义所处历史阶段的判断，我国仍处于并将长期处于社会主义初级阶段的基本国情没有变，我国是世界最大发展中国家的国际地位没有变。这是我们党对我国发展所处历史阶段的清醒认识。

站在新的历史起点上，坚持和发展中国特色社会主义，必须牢牢把握社会主义初级阶段这个基本国情，牢牢立足社会主义初级阶段这个最大实际，坚持党在社会主义初级阶段的基本路线这个党和国家的生命线、人民的幸福线；要在继续推动发展的基础上，着力解决好发展不平衡不充分问题，大力提升发展质量和效益，更好满足人民在经济、政治、文化、社会、生态等方面日益增长的需要。

科学制定国家发展战略

建设社会主义是一个长期过程，只有根据不同发展阶段特征科学制定国家发展战略，才能把社会主义建设不断推向前进。新中国成立后不久，我们党就带领人民制定了发展国民经济的第一个五年计划，有序有效推进社会主义建设。迄今为止，我国制定和执行了13个国民经济和社会发展五年规划（计划），有效凝聚起全国人民进行社会主义建设的磅礴力量。

改革开放之初，邓小平同志提出中国实现现代化分步走的战略构想。党的十三大正式确定分"三步走"实现现代化的战略部署：第一步，实现国民生产总值比1980年翻一番，解决人民的温饱问题；第二步，到20世纪末，使国民生产总值再增长一倍，人民生活达到小康水平；第三步，到21世纪中叶，人均国民生产总值达到中等发达国家水平，人民生活比较富裕，基本实现现代化。世纪之交，党的十五大对如何实现第三步战略目标作出进一步规划，提出新的"三步走"发展战略。这是我们党探索社会主义建设规律的重大成果，有力推动了我国改革开放和社会主义现代化建设的历史进程。

以习近平同志为核心的党中央综合分析国际国内形势和我国发展条件，提出在全面建成小康社会的基础上，分两步走在本世纪中叶建成富强民主文明和谐美丽的社会主义现代化强国：从2020年到2035年，在全面建成小康社会的基础上，再奋斗15年，基本实现社会主义现代化；从2035年到本世纪中叶，在基本实现现代化的基础上，再奋斗15年，把我国建成富强民主文明和谐美丽的社会主义现代化强国。新时代中国特色社会主义发展的战略安排，把基本实现现代化的时间提前了15年，提出了全面建成社会主义现代化强国这一更高目标，进一步深化了我们党对社会主义建设规律的认识。

将改革开放进行到底

改革开放是党和人民大踏步赶上时代的重要法宝，是坚持和发展中国特色社会主义的必由之路，是决定当代中国命运的关键一招，也是决定实现"两个一百年"奋斗目标、实现中华民族伟大复兴的关键一招。党的十一届三中全会作出把党和国家工作中心转移到经济建设上来、实行改革开放的历史性决策。由此，从农村改革到城市改革，从以经济体制改革为主到全面深化改革，从对内搞活到全方位对外开放，从传统的计划经济体制到社会主义市场经济体制，改革开放成为当代中国最显著的特征、最壮丽的气象。

全面深化改革是涉及经济社会发展各领域的复杂系统工程，经济体制改革是重点，而经济体制改革的核心问题是处理好政府和市场的关系。随着改革开放不断深入，我们党对政府和市场关系的认识经历了一个不断深化的过程。1992年，党的十四大提出我国经济体制改革的目标是建立社会主义市场经济体制，提出要使市场在社会主义国家宏观调控下对资源配置起基础性作用。党的十八届三中全会明确提出使市场在资源配置中起决定性作用和更好发挥政府作用。这是对社会主义建设规律认识的进一步深化。

党的十一届三中全会是划时代的，党的十八届三中全会也是划时代的。党的十八届三中全会对全面深化改革作出总部署、总动员，实现了改革理论和政策一系列新的重大突破。经过披荆斩棘、砥砺奋进，党的十八届三中全会设定的改革目标在很多重要领域和关键环节取得突破性进展，夯基垒台改革任务基本完成，四梁八柱性质的改革主体框架基本确立，改革呈现全面发力、多点突破、蹄疾步稳、纵深推进的局面。同时，我们党以开放促改革、促发展，统筹国内国际两个大局，顺应中国与世界深度融合、命运与共的大趋势，推动经济全球化朝着更加开放、包容、普惠、平衡、共赢的方向发展，推动构建人类命运共同体，为我国发展注入新动力、增添新活力、拓展新空间。

不断满足人民对美好生活的向往

始终同人民在一起，为人民利益而奋斗，是马克思主义政党同其他政党的根本区别。全心全意为人民服务，是中国共产党的根本宗旨。新中国成立70年来，我们党始终全心全意为人民服务，始终为人民利益和幸福努力奋斗，努力让发展成果更多更公平惠及全体人民，不断促进人的全面发展，朝着实现全体人民共同富裕不断迈进。

新中国成立后，我们党带领人民开始了大规模的社会主义革命和建设，目的是使国家尽快摆脱"一穷二白"的落后面貌，让人民群众过上好日子。党的十一届三中全会后，我们党深刻总结社会主义建设的经验教训，坚持"一要吃饭，二要建设"的指导方针，为新时期社会主义经济建设指明了方向，使人民的生活一天比一天好。实践证明，社会主义建设要以最广大人民根本利益为出发点，从人民伟大实践创造中获得前进动力。

习近平同志指出："人民对美好生活的向往，就是我们的奋斗目标。"进入新时代，我们党提出以人民为中心的发展思想，坚持发展为了人民、依靠人民，坚持发展成果由人民共享、发展成效由人民评判。全面打响脱贫攻坚战，谱写了人类反贫困史上的辉煌篇章。全面推进幼有所育、学有所教、劳有所得、病有所医、老有所养、住有所居、弱有所扶，建成世界最大的社会保障体系，人民群众获得感幸福感安全感显著增强。新时代中国特色社会主义建设实践表明，建设社会主义现代化强国，必须顺应人民群众对美好生活的新期待。我们要以坚定的理想信念坚守初心和使命，以牢固的公仆意识践行初心和使命，把人民对美好生活的向往作为奋斗目标，不断创造经得起实践、人民、历史检验的辉煌业绩。

（作者为山东省中国特色社会主义理论体系研究中心
山东社会科学院基地研究员）

（《人民日报》2019 年 08 月 14 日 09 版）

社会主义经济建设规律的艰辛探索

高尚全

正确认识社会主义生产目的是做好经济工作的前提。必须坚持以人民为中心的发展思想，把增进人民福祉、促进人的全面发展作为发展的出发点和落脚点。

正确认识社会主要矛盾，紧紧围绕解决社会主要矛盾推进社会主义建设，国运才能昌盛，经济才能发展，社会主义才能发挥其固有的优越性。

正确处理政府和市场关系，把"看不见的手"和"看得见的手"的作用都发挥好，就能极大激发广大人民群众的创造性，极大解放和发展社会生产力，极大增强社会发展活力。

今年是中华人民共和国成立70周年。70年筚路蓝缕，我国从一个积贫积弱的农业国发展成为制造业门类齐全、经济发展欣欣向荣的世界大国，取得了举世瞩目的发展成就。伟大发展成就的背后，是全党全国各族人民的共同奋斗，是我们党对社会主义经济建设规律认识的不断深化。这里从三个方面进行简要总结。

不断深化对社会主义生产目的的认识

对社会主义生产目的的认识，集中体现在如何处理经济建设和人民生活的关系上。1953年，我国开始实施发展国民经济的第一个五年计划。党中央提出，党在过渡时期总路线和总任务是要在一个相当长的时期内，逐步实现国家的社会主义工业化，并逐步实现国家对农业、对手工业和对资本主义工商业的社会主义改造。1956年，党的八大通过的党章在总纲中指明："党的一切工作的根本目的，是最大限度地满足人民的物质生活和文化生活的需要"，这就进一步明确了社会主义生产目的。上世纪50年代，国家建设取得显著成就。但是后来，由于在指导思想上出现"左"的错误，加上我们对社会主义建设规律认识不够深入，大规模经济建设未能顺利推进下去，对社会主义生产目的也出现了一些错误认识。1978年，邓小平同志在北方考察调研时说，"我们是社会主义国家，社会主义制度优越性的根本表现，就是能够允许社会生产力以旧社会所没有的速度迅速发展，使人民不断增长的物质文化生活需要能够逐步得到满足"。邓小平同志的讲话纠正了很多人对社会主义生产目的的错误认识，全党对什么是社会主义有了更深刻的领悟。也正是因为正确认识了社会主义生产目的，虽然我们在改革开放之初对如何发展社会主义市场经济既没有历史经验，也没有外部经验借鉴，但通过对"三个有利于"标准的把握，我们成功建立并不断完善社会主义市场经济体制，人民生活发生了翻天覆地的变化。

党的十八大以来，以习近平同志为核心的党中央进一步深化了对社会主义生产目的的认识。2012年，习近平同志在十八届中共中央政治局常委同中外记者见面时指出：人民对美好生活的向往，就是我们的奋斗目标。在2015年10月召开的中共中央政治局会议上，习近平同志强调，必须坚持以人民为中心的发展思想，把增进人民福祉、促进人的全面发展作为发展的出发点和落脚点。以人民为中心的发展思想，集中体现了我们党对社会主义生产目的的新认识。2016年，习近平同志在省部级主要领导干部学习贯彻党的十八届五中全会精神专题研讨班上的重要讲话中进一步指出："从政治经济学的角度看，供给侧结构性改革的根本，是使我国供给能力更好满足广大人民日益增长、不断升级和个性化的物质文化和生态环境需要，从而实现社会主义生产目的。"习近平同志的重要讲话，更深入更具体地阐明了社会主义生产目的，充分体现了中国共产党人为中国人民谋幸福、为中华民族谋复兴的初心和使命。

新中国成立70年来的经济建设实践启示我们,正确认识社会主义生产目的是做好经济工作的前提。正确认识社会主义生产目的,着眼于大力改善人民生活,经济就能发展得比较好。

不断深化对社会主要矛盾的认识

对社会主要矛盾的判断,是制定党和国家大政方针、长远战略的重要依据。透过纷繁复杂的社会现象揭示社会主要矛盾,是探索经济建设规律十分重要的方面。只有正确分析和把握社会发展的阶段性特征,正确认识社会主要矛盾,才能更好推动经济发展。

1956年,党的八大指出,国内的主要矛盾,已经是人民对于建立先进的工业国的要求同落后的农业国的现实之间的矛盾,已经是人民对于经济文化迅速发展的需要同当前经济文化不能满足人民需要的状况之间的矛盾。这是一个正确的判断。但在后续的建设实践中,由于没有坚持这一正确判断,造成国民经济比例严重失调,人民物质文化生活水平提高不快。党的十一届三中全会以后,我们党运用马克思主义理论对我国社会主要矛盾进行科学分析。党的十一届六中全会通过的《关于建国以来党的若干历史问题的决议》指出:"在社会主义改造基本完成以后,我国所要解决的主要矛盾,是人民日益增长的物质文化需要同落后的社会生产之间的矛盾。党和国家工作的重点必须转移到以经济建设为中心的社会主义现代化建设上来,大大发展社会生产力,并在这个基础上逐步改善人民的物质文化生活。"对社会主要矛盾的科学认识和判断,为把党和国家工作中心转移到经济建设上来、实行改革开放夯实了思想认识基础,为改革开放以来我国经济快速发展提供了思想认识前提。

党的十八大以来,中国特色社会主义进入新时代,我国经济社会发展呈现一系列新的阶段性特征,社会主要矛盾发生变化。以习近平同志为核心的党中央深刻认识和把握这一关系全局的历史性变化,作出"我国社会主要矛盾已经转化为人民日益增长的美好生活需要和不平衡不充分的发展之间的矛盾"的重大政治论断。同时强调，我国社会主要矛盾的变化，没有改变我们对我国社会主义所处历史阶段的判断，我国仍处于并将长期处于社会主义初级阶段的基本国情没有变，我国是世界最大发展中国家的国际地位没有变。对我国社会主要矛盾变化作出的这一重大政治论断，正确反映了我国社会发展的客观实际，为制定党和国家大政方针、长远战略提供了重要依据，指明了经济建设的努力方向。我们要在继续推动发展的基础上，着力解决好发展不平衡不充分问题，大力提升发展质量和效益，更好满足人民在经济、政治、文化、社会、生态等方面日益增长的需要，更好推动人的全面发展、社会全面进步。

新中国成立70年来的经济建设实践启示我们，只有正确认识社会主要矛盾，紧紧围绕解决社会主要矛盾推进社会主义建设，国运才能昌盛，经济才能发展，社会主义才能发挥其固有的优越性。

不断深化对社会主义市场经济的认识

新中国成立初期，我们缺乏社会主义经济建设的经验。学习当时苏联的发展模式，努力使整个国家从农业国向工业国转变是现实的选择。但是，苏联高度集中的计划经济模式具有较为严重的弊端，这些弊端在我国社会主义经济建设中不断暴露出来，成为国民经济发展的桎梏。从党的十一届三中全会开始，市场的作用日益得到重视。从党的十二届三中全会提出"社会主义经济是公有制基础上的有计划的商品经济"，到党的十三大提出"社会主义有计划商品经济的体制，应该是计划与市场内在统一的体制"，市场的作用一步步得到加强。上世纪90年代初，邓小平同志在南方谈话中明确指出，"计划多一点还是市场多一点，不是社会主义与资本主义的本质区别。计划经济不等于社会主义，资本主义也有计划。市场经济不等于资本主义，社会主义也有市场。计划和市场都是经济手段。"通过对社会主义经济建设经验教训的认真总结，1992年，党的十四大明确提出我国经济体制改革的目标是建立社会主义市场经济体制，提出要使市场在社会主义国家宏观调控下对资源配置起基础性作用。这一重大理论突破，对我国改革开放和经济社会发展起到了极为重要的作用。随着我们党对社会主义市场经济认识的不断深化，党的十六大提出"在更大程度上发挥市场在资源配置中的基础性作用"，党的十七大提出"从制度上更好发挥市场在资源配置中的基础性作用"，党的十八大提出"更大程度更广范围发挥市场在资源配置中的基础性作用"，我国社会主义市场经济体制加速建立、不断完善，社会生产力得到解放和快速发展，创造了举世瞩目的中国奇迹。

社会主义市场经济体制建立并运行一段时间之后，一些矛盾和问题逐渐暴露，进一步完善社会主义市场经济体制成为一项重大的理论和实践课题。党的十八届三中全会通过的《中共中央关于全面深化改革若干重大问题的决定》历史性地提出，"使市场在资源配置中起决定性作用和更好发挥政府作用"。这一重大理论观点的提出，有利于在全党全社会树立关于政府和市场关系的正确观念，有利于转变经济发展方式，有利于转变政府职能，有利于抑制消极腐败现象。为了切实发挥市场在资源配置中的决定性作用，更好发挥政府作用，以习近平同志为核心的党中央坚定不移贯彻新发展理念，深入推进供给侧结构性改革，"放管服"改革力度不断加大，市场准入负面清单制度全面实行，我国社会主义市场经济体制日益完善，经济发展质量和效益不断提高。我国经济总量从2012年的54万亿元增长到2018年的90万亿元，服务业对经济增长的贡献率已经接近60%，单位国内生产总值能耗大幅下降，资源配置效率显著提升，在高质量发展上不断取得新进展，正在创造新的发展奇迹。

新中国成立70年来的经济建设实践启示我们，市场决定资源配置是市场经济的一般规律，完善社会主义市场经济体制必须遵循这一规律；市场在资源配置中起决定性作用，并不是起全部作用，在社会主义市场经济体制中，市场作用和政府作用是相辅相成、相互促进、互为补充的。处理好政府和市场关系，把"看不见的手"和"看得见的手"的作用都发挥好，极大激发广大人民群众的创造性，极大解放和发展社会生产力，极大增强社会发展活力，这是中国特色社会主义制度的一大优势。

（作者为中国经济体制改革研究会原会长）

（《人民日报》2019年08月22日08版）

中国发展蕴含的工业化规律

蔡昉

新中国70年工业化历程，蕴含着发展中大国推进工业化的规律：注重发挥比较优势，不断优化经济结构；正确处理工业化、城镇化、农业现代化、技术进步之间的关系，实现新型工业化、信息化、城镇化、农业现代化同步发展；以劳动生产率提高引导产业结构演进，防止制造业比重过早过快下降，加快发展先进制造业。

新中国成立前，虽然我国已经存在一定比重的工业经济，但真正意义上的工业化是从新中国成立后第一个五年计划时期开始的。1953年，全国83.1%的劳动力从事农业生产，工业就业人数的比重仅为8.0%，工业增加值占国内生产总值（GDP）的比重仅为17.6%。第一个五年计划结束时，工业增加值占GDP的比重提高到23.2%。此后，我国工业化水平不断提高，工业增加值占GDP的比重在1978年达到44.1%，但也形成了重工业占比过高的工业经济结构。改革开放以来，我国按照生产力发展要求调整所有制结构，按照比较优势原则调整产业结构，工业化快速推进，用几十年时间走完了发达国家几百年走过的工业化历程。目前，我国已成为世界第二大经济体、制造业第一大国、货物贸易第一大国、商品消费第二大国、外资流入第二大国，外汇储备连续多年位居世界第一。总结新中国70年工业化规律，有利于我们在新的历史起点上砥砺奋进、走好新型工业化道路，也可以为丰富发展经济学贡献中国智慧。

从重工业优先发展到发挥比较优势

在一个贫穷落后的国家,经济建设最主要的任务就是加快工业化进程,改变以农业经济为主的经济结构。新中国成立以来,我们党始终把实现工业化的任务摆在重要位置,在推进什么样的工业化、如何推进工业化方面进行了较长时间探索,经历了从优先发展重工业到发挥比较优势的转变。

新中国成立后,我国实施的是重工业优先发展战略。实施这一战略有其特定历史背景。当时西方国家的封锁形成诸多发展瓶颈,必须靠优先发展重工业来打破。石油工业就是一个典型例子。作为当时不可或缺却被"卡脖子"的战略性产业,自力更生实现石油自给自足,既是不得已而为之,更是不可不为之事。与此类似的还有化学工业、电子工业、核工业和航天工业。这些领域正是由于被赋予优先地位,才实现了突破性发展。可见,重工业优先发展战略有其合理性,但也造成轻重工业比例失调。1952—1978年,我国轻工业总产值年均增长8.4%,重工业总产值年均增长12.1%,重工业所占比重从35.5%大幅度提高到56.9%。这种经济结构带来资源配置扭曲、工业企业效率低下等问题,也造成投资与消费比例失调,人民生活水平长期没有得到明显改善。

改革开放以来,随着社会主义市场经济体制的建立健全和改革开放逐渐深入,市场配置资源范围快速扩大,产品价格和要素价格的扭曲得到矫正,经济主体实现多元化,我国工业化发展路径转向注重发挥比较优势。一个重要特点就是劳动密集型产业获得更快发展,吸纳了大量农业富余劳动力,既推进了城镇化进程,又促进了资源优化配置和全要素生产率提高。特别是在发展制造业的过程中,我国把丰富的劳动力资源转化为比较优势和国际竞争力,积极融入全球产业链,成为世界制造业中心。我国产业结构大大优化,20世纪80年代,轻工业增长快于重工业,畸轻畸重的产业结构得到调整;20世纪90年代,轻工业和重工业开始均衡发展;2000年以后,随着比较优势变化和中西部地区基础设施投资加强,重工业产值增长速度再次快于轻工业，产业结构更加稳健、均衡。我国工业化与对外开放相辅相成。从20世纪80年代设立经济特区、实施沿海开放战略，到20世纪90年代开始为加入世界贸易组织而努力，再到党的十八大以来推动形成全面开放新格局，我国全方位拥抱经济全球化，充分融入全球供应链、产业链、价值链。我国国内生产总值占世界生产总值的比重由改革开放之初的1.8%上升到目前的约16%，多年来对世界经济增长贡献率超过30%。

从优先发展重工业到发挥比较优势，是我国工业化历程中最重要的实践，也是一个认识不断深化的过程，积累了在一个后发国家推进工业化的宝贵经验。

正确处理工业化、城镇化、农业现代化、技术进步之间的关系

我国70年工业化历程的另一条经验是，要把工业化作为现代化的有机组成部分，正确处理工业化、城镇化、农业现代化、技术进步之间的关系。

新中国成立之初的重工业优先发展战略，在一定程度上带来工业化与城镇化发展不协调的问题。重工业具有资本密集度高、产业配套效应不明显的特征。重工业优先发展并不能创造大量非农产业就业岗位，也难以充分发挥区域辐射功能，这就导致城镇化滞后于工业化，工业化的后续动力不足。

上世纪80年代以来，沿海地区发挥劳动力丰富的比较优势，遵循产业集聚产生规模经济的经济规律，劳动密集型制造业蓬勃发展，促进了城镇化快速发展。进入21世纪，在区域协调发展战略的推动下，中西部地区基础设施条件得到改善，开始承接沿海地区制造业转移，城镇化速度也呈现后来居上的势头。1978—2017年，我国城镇人口迅速增加，城镇化率以同期世界上最快的速度提高，城镇的数量也大幅度增加，工业化与城镇化逐渐趋于同步。

在农业比重随着经济发展水平提高而逐步下降这一规律的作用下，我国农业富余劳动力大规模转移,进入城镇非农产业就业,提高了整体劳动生产率。进入21世纪以来,我国经济进入工业反哺农业、城市支持农村的阶段,支农、惠农政策力度前所未有。伴随着工业化进程,以农业机械化为标志的农业现代化加快发展。1978—2017年,农业机械总动力以年均5.6%的速度增长。2003—2017年,农用大中型拖拉机及其配套农具的数量年均增长率均超过14%。

党的十八大以来,以习近平同志为核心的党中央进一步深化对工业化规律的认识,强调推动新型工业化、信息化、城镇化、农业现代化同步发展。这既是深刻吸取国内外发展经验的理论升华,又体现了新一轮科技革命的特点。党的十九大报告提出,加快发展先进制造业,推动互联网、大数据、人工智能和实体经济深度融合。这将让工业化插上科技创新的翅膀,是主动顺应和引领新一轮信息革命浪潮的有效举措。党的十九大报告还把乡村振兴战略作为一项国家发展战略,与"四化同步"相得益彰、相辅相成。很多发展中国家在工业化和城镇化过程中出现过农业萎缩、农村凋敝和农民生活改善滞后于经济发展的问题,付出了沉重代价。在推进新型工业化的同时实施以农业农村现代化为总目标的乡村振兴战略,是"四化同步"发展的一项重大部署,体现我国社会主义现代化的内在要求,旨在探索一条近14亿人的共同富裕之路。

近年来,我国人口结构有所变化,劳动年龄人口开始负增长,劳动力工资上涨速度加快,劳动密集型制造业的比较优势趋于减弱。这一新形势新特点,更加凸显了"四化同步"发展的重要意义。一方面,我国农业劳动生产率持续提高,中西部地区农业劳动力转移潜力仍然较大,可以形成一个国内版的制造业雁阵模式,促进制造业从沿海地区向中西部地区转移扩散,延续人口红利;另一方面,借助新一轮科技革命特别是信息化的成果,可以加快掌握核心技术、获得核心竞争力,通过新型工业化提升我国制造业在全球价值链中的位置。

以劳动生产率提高引导产业结构演进

从各国经验看，一个国家的工业化并不是遵循直线轨迹推进，而是按照倒U形曲线变化。制造业增加值占GDP的比重通常会先经历一个逐渐上升的过程，达到峰值后便转而缓慢下降。制造业增加值占GDP的比重下降，既可能是在较高工业化阶段产业结构自然演进的结果，也可能是在条件尚未成熟时过早"去工业化"的结果。我们可以从制造业比重开始下降时的条件成熟度（以世界银行定义的人均收入组别作为发展阶段特征）、农业比重（以此作为产业结构特征）以及制造业比重下降后的结果三方面来观察这一现象。

第一类国家的制造业比重下降可谓水到渠成。在由升到降的转折点上，这些国家的人均GDP已达高收入国家标准，农业增加值占GDP的比重降到很低水平；农业比重下降之后，其制造业在全球价值链中的位置加快提升，整个经济的劳动生产率持续提高，保持发达的制造业大国地位。第二类国家的制造业比重下降具有不成熟的性质。在下降的时点上，人均GDP仍然处于中等偏上收入阶段水平，农业比重偏高；在农业比重下降之后，制造业转型升级并不成功，国际竞争力下降，劳动生产率的提高速度不足以支撑经济持续健康发展。以人均GDP标准判断，这类国家迄今大多没有进入高收入国家行列。拉美一些国家是这方面的典型。

由此可以归纳出三点规律性认识：第一，工业化推进到一定阶段后，高速工业化必然要转向以技术创新和结构升级为内涵的工业化新阶段，此时制造业比重下降具有必然性。第二，当农业比重降至较低水平、不存在农业富余劳动力转移压力且第三产业处于较高发展水平时，制造业比重下降不会导致劳动生产率的降低。第三，制造业比重下降，绝不意味着该产业的重要性降低，相反，新的工业化阶段是制造业攀升价值链阶梯的关键时期。

比照国际经验，我国应当防止过早去工业化。党的十九大提出，"建设现代化经济体系,必须把发展经济的着力点放在实体经济上""加快建设制造强国,加快发展先进制造业"。要贯彻落实这些重大部署,防止制造业比重过早过快下降,给制造业向技术密集型高端升级、农业富余劳动力转移、服务业发展和劳动生产率提高留出足够时间,促进核心技术创新,提升核心竞争力,从而获得新的全球价值链位置。

(作者为中国社会科学院副院长、学部委员)

(《人民日报》2019年08月28日08版)

换了人间：新中国的最初岁月

金冲及

中华人民共和国的成立是近代以来实现中华民族伟大复兴的"三大里程碑"之一。从这时起，中国的命运发生了根本变化，可谓"换了人间"：中国人从此站起来了，谁都别想指望中国会在外界的压力和威胁面前低头；党和政府的一切工作都是为了人民，人民真切地感到自己是国家的主人；彻底改变"一盘散沙"的局面，实现国家统一和人民团结。回顾新中国的最初岁月，有助于弄清楚我们从哪里来、往哪里去，弄清楚艰苦卓绝是什么、是怎么来的。

习近平同志在庆祝改革开放40周年大会上的重要讲话中指出："建立中国共产党、成立中华人民共和国、推进改革开放和中国特色社会主义事业，是五四运动以来我国发生的三大历史性事件，是近代以来实现中华民族伟大复兴的三大里程碑。"里程碑，本意是指漫长旅途进入一个新阶段的标志，人们通常用它来比喻历史旅程来到一个新的出发点。为什么中华人民共和国的成立是近代以来实现中华民族伟大复兴的"三大里程碑"之一？因为从这时起，中国的命运发生了根本变化，可谓"换了人间"。

回顾新中国的最初岁月，有助于弄清楚我们从哪里来、往哪里去，弄清楚艰苦卓绝是什么、是怎么来的，从而不断增强守初心、担使命的思想自觉和行动自觉。

光辉的历程
——新中国成立70年的成就与启示

中国人从此站立起来了

中国近代的民族苦难实在是太深重了。

鸦片战争后,中国的国家主权和领土完整不断遭受外来的破坏。一系列的侵略战争、一系列的不平等条约强加到中国人头上。中国人被趾高气扬的西方列强看作"劣等民族",视同可以任意宰割的羔羊,被瓜分的阴影从此一直笼罩在中国人心头。维新志士谭嗣同写道:"四万万人齐下泪,天涯何处是神州?"这是多么痛心的话语!但中华民族的危机一直在加深。进入20世纪时,"八国联军"占领北京,实行分区管理,时间长达一年之久。接着,日本军国主义者公然把中国的东北称为他们的"生命线",还想独吞中国。《义勇军进行曲》悲愤地唱出"中华民族到了最危险的时候",表达了无数中国人深埋心底的呐喊。新中国把它定为国歌,就是要子子孙孙永远不忘这段苦难经历,发愤图强。

中华民族是一个有骨气的民族,从来没有停息过顽强的抗争。在中国共产党领导下,中国人民付出巨大牺牲,终于取得了革命胜利。

新中国成立前夕,毛泽东同志在中国人民政治协商会议第一届全体会议上说了一段令人永远难忘的话:"我们有一个共同的感觉,这就是我们的工作将写在人类的历史上,它将表明:占人类总数四分之一的中国人从此站立起来了。""我们的民族将从此列入爱好和平自由的世界各民族的大家庭,以勇敢而勤劳的姿态工作着,创造自己的文明和幸福,同时也促进世界的和平和自由。我们的民族将再也不是一个被人侮辱的民族了,我们已经站起来了。"参加会议的孙起孟老人回忆:"当场掌声经久不息。""我看见邻座有几位年事较高的委员一面流着热泪,一面使劲地拍掌,我自己也是这样。"一百多年来,祖国受尽外人的蔑视和蹂躏,痛苦和悲愤长期埋存在心头。一旦看到中国人终于重新站立起来,那种兴奋和激动,那种刻骨铭心的翻身感,也许是长期处于幸福生活中的后来者很难真切领会到的。

从新中国成立时起,谁都别想指望中国会在外人的压力和威胁面前低头。毛泽东同志在开国大典上庄严地宣布:"本政府为代表中华人民共和国全国人民的唯一合法政府。凡愿遵守平等、互利及互相尊重领土主权等项原则的任何外国政府,本政府均愿与之建立外交关系。"周恩来同志在外交部成立大会上说:"中国一百年来的外交史是一部屈辱的外交史。我们不学他们。""要有独立的精神,要争取主动,没有畏惧,要有信心。"

中国的事情必须由中国人民自己作主张,自己来处理,决不容许帝国主义国家对中国内政再有一丝一毫的干涉,决不容许在根本原则问题上有什么妥协和退让。这对新中国此后的发展和进步有着深远的影响。有了这一条,中国人民才能在自己的国土上扬眉吐气,根据自身利益和实际情况,独立地探索并建立一个新国家和新社会,走上中国特色社会主义道路。

新中国成立的第二年起,中国经历了抗美援朝战争,经过同友军一起三年奋战,终于把这场战争停止下来。美军总司令克拉克说:"我获得了一个不值得羡慕的名声:我是美国历史上第一个在没有取得胜利的停战协定上签字的司令官。"这场战争影响深远,使国际上许多人重新认识了中国,看到已站立起来的中国蕴藏着人们原来没有料想到的无穷无尽的巨大潜力,也看到中国人说话是算数的,是不好惹的。它使一些原来狂妄不可一世的人不敢轻易尝试以武力来对付中国,从而保障中国的经济建设和社会改革得到一个长时间相对稳定的和平环境。对新中国的发展来说,这是极重要的外部条件。时间隔得越久,对此看得越清楚。

人民政权为人民

新中国成立后,人与人之间的关系完全改变,"全心全意为人民服务"成为最响亮的格言,这是中国共产党人的根本宗旨。人们都以"同志"相称。

人民当家作主人,一定要以制度为保障,其中最重要的莫过于政权问题。新中国成立前夕,中国共产党领导制订《中国人民政治协商会议共同纲领》,对新中国的国体作出明确规定:实行工人阶级领导的、以工农联盟为基础的、团结各民主阶级和国内各民族的人民民主专政。在确定国名时，突出了"人民"这个名称，明确"中华人民共和国的国家政权属于人民"。同时规定，"人民行使国家政权的机关为各级人民代表大会和各级人民政府"。这时，解放战争尚在进行，土地改革尚未完成，实行人民代表大会制度的条件还不成熟。中共中央发出三万以上人口的城市各县均应召开各界人民代表会议的指示。费孝通教授在《我参加了北平各界代表会议》中写道："三十多年来我所追求的梦想的，在这六天里得到了。这是什么呢？是民主。"我在1950年至1952年当过上海市各界人民代表会议的青年界代表，亲眼看到不少普通的工人、农民在大会上发言。没有什么稿子，畅所欲言，陈毅市长坐在下面听。代表们还投票选举了市长。这种情景在旧中国没有见过。

人民政府成立后，在城市，没收了官僚资本主义企业，使社会主义性质的国营企业在国民经济中开始发挥主导作用，并且进行以废除封建把头制度、推进管理民主化为中心的企业民主改革，使工人阶级成为工业企业的主人。更重要的是进行土地改革。旧中国是一个农民占绝大多数的国家。1950年《土地改革法》颁布，在广大新解放区全面实行土地制度改革，彻底消灭已延续几千年的封建土地所有制，使全国3亿无地少地的农民无偿获得约7亿亩土地和大量的生产资料、生活资料。广大农民真正翻了身，做了自己土地的主人。这就大大解放了农村生产力，发展了农业生产，并为新中国的工业化扫除障碍。

党和政府非常关心民众生活，急人民之所急，把人民最关心的急迫问题放在工作极重要的地位。那时，在人民群众中呼声最强烈的集中在几个问题上：

一是物价又出现飞涨。当人们还沉浸在开国大典的欢乐中时，只隔了半个月，从10月15日开始，华北由粮食带头，上海由纱布带头，物价开始大幅上涨。纱布、粮食的价格在一个月内都上涨两倍以上，有的商品上涨到五六倍。抗战后期以来，物价是民众特别敏感的问题，人心开始浮动。

这是关系人民政权能不能站住脚跟的大问题。政务院在陈云同志统一调度下，采取有效举措把物价基本平抑下来。民众在经历了多年恶性通货膨胀的痛苦生活后，对一举平抑物价欢呼雀跃的心情，也许是今天人们难以想象的。毛泽东同志称赞道：平抑物价，统一财经，其意义"不下于淮海战役"。

二是在城市，救济失业者成为民众极为关心的问题。旧中国留下了十分庞大的失业大军。新中国成立初期，在经济改组过程中一部分不适应社会需要的工厂倒闭，更增加了失业人数。上海1.3万多家私营工厂中，开工户数只占1/4，失业者的生活极为困难。政务会议两次讨论这个问题。毛泽东同志提出，在建立起人民政权、根本解决土地问题以后，党的中心任务，就是"动员一切力量恢复和发展生产事业"，这是一切工作的重点所在。人民政府采取坚决措施："对于两三个月以上的长期救济，应用以工代赈（如修筑公共工程等）为主要方法。"还提出了生产自救、还乡生产、发放救济金、转业训练、介绍就业等多种办法。到1950年9月底，全国失业工人和失业知识分子得到救济的已达半数以上。

三是自然灾害十分严重，当时绝大多数是水灾。1949年，全国被淹地区12156万亩，受灾民众4000万人。第二年，皖北连续7天大雨后淮河又大决口，津浦铁路两侧一片汪洋，被淹耕地3100万亩，受灾民众995万人，许多人挤在一块块高地甚至爬到树上求生。毛泽东同志在看到受灾民众爬到树上被毒蛇咬死的报告后，流下眼泪，并且写下"一定要把淮河修好"的题词。周恩来同志在政务会议上说："水灾是非治不可的，如果土地不涝就旱，那就是土改了也没有用。"这在当时是牵动全局的大动作。治理淮河工作全面展开后，很快就取得成效。

在旧社会，妇女遭受的压迫特别深重。新中国颁布的第一部法律就是婚姻法，规定"一夫一妻""男女权利平等"，废除包办强迫婚姻，禁止纳妾、童养媳、干涉寡妇婚姻自由等陋习。党和政府还以极大力量荡涤旧社会遗留的污泥浊水：废除娼妓制度；禁止吸食鸦片；消除地痞流氓和黑社会帮会；等等。这些成就是有目共睹的。

党和政府的一切工作都是为了人民，又依靠人民来共同完成。人民群众从亲身经历中深深感到：中国共产党领导的政府确确实实是自己的政府。这种感觉是以前不曾有过的。

人民真切地感到自己已经抬起头来，是国家的主人，精神面貌随之发生根本变化，产生了万众一心、无坚不摧的凝聚力。这是新中国诞生后方方面面都出现生机勃勃新局面的根本动力所在。

实现国家统一和人民团结

旧中国是一个幅员辽阔、各地区情况有很大区别、小生产占着绝对优势的国家，老百姓曾被人讥讽为"一盘散沙"。近代以来，西方列强纷纷在中国划分并争夺势力范围，在国内更形成军阀割据和混战的混乱局面。邓小平同志曾指出："就是国民党统治时期，国家也没有真正统一过，像对山西、两广、四川等地，都不能算真正统一。"在地方上，还有大小不等的种种恶势力各霸一方，甚至拥兵自重、为非作歹。在全国，根本谈不上有什么统一意志、统一法令、统一行动可言，自然更谈不上民族复兴和人民幸福。

新中国的成立，在人们面前出现的是前所未有的人民大团结的全新局面。其关键在于：有中国共产党这样一个能够正确指引前进方向、深得民心、坚强的党成为团结全国各族人民的核心力量。党的路线方针政策可以一直贯彻到全国各个角落，不允许各自为政，不允许闹无原则纠纷，这样才能万众一心地办成一件又一件大事，有了错误也比较能够依靠组织的力量加以纠正。这是中国几千年历史上从来不曾有过的。

新中国成立当天，毛泽东同志受政协全国委员会委托，起草《中国人民政治协商会议第一届全体会议宣言》，写道："我们应当将全中国绝大多数人组织在政治、军事、经济、文化及其他各种组织里，克服旧中国散漫无组织的状态，用伟大的人民群众的集体力量，拥护人民政府和人民解放军，建设独立民主和平统一富强的新中国。"

中央人民政府成立时，将全国划分为华北、东北、西北、华东、中南、西南六个大行政区。周恩来同志在政务会议上作了说明：大行政区是一种过渡性的体制，"这样的因地制宜不但不妨碍统一，倒正是为进一步的统一创造条件。"讨论时也有人担心：大行政区成为一级后，是不是会生了根，不容易改变？周恩来同志回答：在新社会中是不成问题的，我们有信心解决这些问题。果然，两年多后各大行政区的政权机构就撤销了。这确实只有在中国共产党领导的新中国，才能如此顺利地做到。

还有一点十分重要。中国有56个民族，是一个多民族国家。经过千百年经济文化的密切交流和相互影响，早已结成你中有我、我中有你、谁也离不开谁的亲密关系，但彼此间也存在一些错综复杂的矛盾。周恩来同志指出：中国是多民族的国家，我们主张民族自治，但一定要防止帝国主义利用民族问题来破坏中国的统一。"为了这一点，我们国家的名称，叫中华人民共和国，而不叫联邦。"由此，确定了新中国在统一的国家内实行民族区域自治制度。这是一个关系重大的规定，既重视并保持少数民族的自治权利，又富有远见地警惕并防止帝国主义借民族问题分裂中国的阴谋。看看世界上有些大国留下的历史教训，就会深深体会到新中国起步时在民族问题上这个果断决策，有着多么重大而深远的意义。

结语

慎初才能及远，这是无数实践证明了的真理。70年过去了，回顾新中国的最初岁月，我们可以更加清晰地看到：中国这场空前未有的社会大变革，是怎样在中国共产党领导下稳步实现的。新中国诞生时面对的最根本课题就是民族独立、人民解放、国家统一。如果这些问题或者它们中任何一个没有得到正确解决，中国以后的发展也许会出现另一种状况，至少会遇到更多更大的曲折。

回首往昔，还会想到：解放战争胜利和新中国诞生来得那么快，超过人们的预期。事情千头万绪，要面对许多过去从来没有遇到过的问题。局势又发展得如此迅速，不允许你从容地做好所有准备再动手。怎样建设一个新社会和新国家，许多难题都要很快地作出决断，采取强有力措施，既着眼当前，使民众生活和社会环境得到切切实实的改善；又放眼长远，有条不紊地为未来走向社会主义现代化作出通盘的规划和安排。

想到这些，我们对毛泽东同志等新中国的缔造者肃然起敬，并寄予深切的怀念。同时，又对今天我们取得的伟大成就感到自豪。

（作者为原中央文献研究室常务副主任）

（《人民日报》2019年09月04日08版）

下编

壮丽70年·奋斗新时代
—— 伟大的成就 时代的辉煌

描绘好新时代江西改革发展新画卷

中共江西省委书记 刘奇 江西省人民政府省长 易炼红

党的十八大以来，习近平总书记先后两次亲临江西视察指导，为新时代江西改革发展把脉定向、擘画蓝图，为革命老区发展注入了澎湃动力、提供了根本遵循。

牢牢把握发展第一要务，综合实力大幅跃升。用好改革开放关键一招，动力活力明显增强。发挥绿色生态最大优势，生态质量巩固提升。恪守发展为民根本导向，民生福祉显著改善。坚决落实党建最大责任，政治生态持续优化。江西70年的辉煌成就，充分彰显了中国共产党领导的政治优势和中国特色社会主义制度的巨大优越性。

新中国成立70年来，我们党带领全国各族人民砥砺奋进、昂首前行，创造了一个又一个人类发展史上的伟大奇迹，中华民族迎来了从站起来、富起来到强起来的伟大飞跃。江西作为中国革命的摇篮、人民共和国的摇篮、人民军队的摇篮和中国工人运动的策源地，始终与祖国共命运、与时代同发展，推动革命老区发生了翻天覆地变化。特别是党的十八大以来，习近平总书记先后两次亲临江西视察指导，为新时代江西改革发展把脉定向、擘画蓝图，为革命老区发展注入了澎湃动力、提供了根本遵循。我们始终牢记习近平总书记殷殷嘱托，坚持以习近平新时代中国特色社会主义思想为指导，深入贯彻新发展理念，统筹做好稳增长、促改革、调结构、优生态、惠民生、防风险、保稳定各项工作，推动经济社会发展和党的建设取得新成绩。

牢牢把握发展第一要务,综合实力大幅跃升。始终坚持以经济建设为中心,坚定不移加快发展、转型升级,不断解放和发展社会生产力,推动经济持续健康发展。全省 GDP 从 1949 年的 9.09 亿元增加到 2018 年的 2.2 万亿元,人均 GDP 从 69 元增加到 4.74 万元。党的十八大以来,全省 GDP 年均增长 9.2%,主要经济指标增幅保持全国"第一方阵",三次产业比从 11.5 : 53.9 : 34.6 优化为 8.6 : 46.6 : 44.8,发展质量效益不断提升。深入实施工业强省战略,集中力量发展航空、电子信息、装备制造、中医药、新能源、新材料等优势产业,加快发展现代农业和现代服务业,大力改造提升传统产业,坚决淘汰落后产能,推动产业迈向中高端。全省高新技术产业、战略性新兴产业增加值占规模以上工业增加值比重分别为 35.2%、21.3%。粮食总产量实现"十五连丰",全国粮食主产区地位不断巩固。

用好改革开放关键一招,动力活力明显增强。始终高举改革开放伟大旗帜,纵深推进改革攻坚,全面扩大对外开放,不断增强发展动力活力。坚持解放思想、实事求是、与时俱进,坚决打破思想禁锢、突破传统思维条条框框的局限,致力走出一条具有江西特色的发展新路子。蹄疾步稳推进全面深化改革,大力破除制约高质量发展的体制机制弊端,"放管服"、国资国企、财税金融、生态文明、农业农村、社会事业等重点领域改革取得重大进展,全省 2691 项高频事项可以通过"赣服通"在手机上办理。深入实施大开放战略,坚持"引进来"与"走出去"并举,主动融入共建"一带一路",积极参与中部地区崛起和长江经济带发展,全面对接长三角一体化、粤港澳大湾区建设,着力打造内陆双向开放新高地,开放型经济水平不断提升。

发挥绿色生态最大优势,生态质量巩固提升。始终坚持生态立省、绿色发展战略不动摇,深入推进国家生态文明试验区建设,奋力打造美丽中国"江西样板"。坚决打好蓝天、碧水、净土保卫战,全面实施河长制湖长制林长制,大力推进长江经济带"共抓大保护"攻坚行动,持续深化"五河两岸一湖一江"全流域整治,积极开展森林、湿地等重要生态系统保护行动，保护好山脉、山体、森林、水系等生态资源。在全国率先实施全流域生态补偿，率先建立生态文明建设评价指标体系，出台党政领导干部生态环境损害责任追究实施细则，国家生态文明试验区建设取得重要成果。全省空气优良天数比例90.4%，国考断面水质优良率94.6%，森林覆盖率稳定在63.1%，成为全国唯一"国家森林城市"设区市全覆盖的省份，生态环境质量保持全国领先。

恪守发展为民根本导向，民生福祉显著改善。始终坚持以人民为中心的发展思想，加大力度保障和改善民生。坚持新增财力向民生倾斜，扎实做好就业、教育、医疗、社保、养老等民生保障工作。党的十八大以来，全省城乡居民人均可支配收入年均分别增长9.1%和10.1%。坚持把打赢脱贫攻坚战作为重大政治任务和第一民生工程，深入实施精准扶贫十大行动，井冈山市在全国率先脱贫摘帽，全省已有18个贫困县脱贫摘帽，贫困发生率由2015年底的5.7%降至2018年底的1.38%。深入实施乡村振兴战略，深化农村人居环境整治，推进城市功能与品质提升，城乡面貌焕然一新。加强和创新社会治理，深入开展扫黑除恶专项斗争，切实做好安全生产工作，社会大局保持和谐稳定。

坚决落实党建最大责任，政治生态持续优化。始终坚持以党的政治建设为统领，全面贯彻新时代党的建设总要求，不断提升党的建设质量。深入开展以弘扬井冈山精神为核心的红色基因教育，让老区人民忠诚于党的红色基因代代相传。坚持新时代党的组织路线，全面做好干部培育、选拔、管理、使用工作，加强基层组织党的建设工作。扎实推进"不忘初心、牢记使命"主题教育，引导党员干部答好"时代之问"，走好新长征路，创造新时代"第一等的工作"。严格落实中央八项规定精神，大力整治"怕、慢、假、庸、散"等作风顽疾，坚决破除形式主义、官僚主义，推动全省干部作风持续好转。统筹推进纪检监察体制改革，始终保持惩治腐败高压态势，坚决全面彻底肃清苏荣案余毒取得重要成效，风清气正的良好政治生态正在形成。

光辉的历程
——新中国成立70年的成就与启示

江西70年的辉煌成就，充分彰显了中国共产党领导的政治优势和中国特色社会主义制度的巨大优越性。特别是党的十八大以来江西的发展变化，是全国革命老区发展变化的一个生动缩影，是全国取得历史性成就、发生历史性变革的一个生动缩影。实践充分证明，习近平总书记作为党中央核心、全党核心的掌舵领航，习近平新时代中国特色社会主义思想的科学指引，是我们做好各项工作、战胜一切困难挑战的最大自信、最大保证、最大动力。只要我们始终沿着习近平新时代中国特色社会主义思想指引的康庄大道坚定前行，始终按照习近平总书记对江西工作的重要要求狠抓落实，就一定能够把一个富裕美丽幸福现代化的江西呈现在全省人民面前。

我们一定在以习近平同志为核心的党中央坚强领导下，坚持以习近平新时代中国特色社会主义思想为指导，深入学习贯彻习近平总书记视察江西重要讲话精神，增强"四个意识"，坚定"四个自信"，坚决做到"两个维护"，聚焦"在加快革命老区高质量发展上作示范、在推动中部地区崛起上勇争先"的目标定位和"五个推进"的更高要求，深入实施"创新引领、改革攻坚、开放提升、绿色崛起、担当实干、兴赣富民"工作方针，大力弘扬井冈山精神、苏区精神和长征精神，不忘初心、牢记使命，感恩奋进、担当实干，开启建设富裕美丽幸福现代化江西新征程，努力描绘好新时代江西改革发展新画卷。

扫码观看
《中国1分钟·江西篇》

(《人民日报》2019年07月22日09版)

忠诚守初心　奋斗担使命

中共山西省委书记　骆惠宁　　山西省人民政府省长　楼阳生

认真学习贯彻习近平总书记视察山西重要讲话精神,"紧紧抓住机遇,勇于改革创新,果敢应对挑战,善于攻坚克难",在"两转"基础上全面拓展了新的局面

高举习近平新时代中国特色社会主义思想伟大旗帜,以绝对忠诚和实际行动践行"两个维护"

勠力同心攀登事业高峰,打造山西新优势新动力新形象

坚持党的领导和全面从严治党,汇聚起全省人民改革创新、奋发有为的磅礴力量

今年是新中国成立70周年。70年来,在党中央坚强领导下,在中华民族迎来从站起来、富起来到强起来的伟大飞跃中,山西这块祖国中部的黄土地发生了翻天覆地的变化。全省经济建设实现了从一穷二白到百业俱兴的历史巨变,人民生活实现了从温饱不足到小康富裕的历史巨变,生态环境实现了从极度脆弱到绿色发展的历史巨变,整体形象实现了从封闭保守到改革开放的历史巨变。

党的十八大以来,中国特色社会主义进入新时代,山西各项事业发展也进入了新时代。在以习近平同志为核心的党中央的坚强领导下,我们坚定以习近平新时代中国特色社会主义思想为指引,做到"坚持全面从严治党、构建良好政治生态,推动经济稳步向好、坚定转型发展"两手硬,推

动山西内生动力、发展态势和整体形象发生重大而深刻的变化。2017年6月，习近平总书记亲临山西视察并发表重要讲话，指出"山西政治生态已经由'乱'转'治'，山西发展已经由'疲'转'兴'"，"各方面建设和发展迈上新的征程"，并提出五项重大任务，为我们进一步指明了前进方向。全省干部群众认真学习贯彻习近平总书记视察山西重要讲话精神，"紧紧抓住机遇，勇于改革创新，果敢应对挑战，善于攻坚克难"，在"两转"基础上全面拓展了新的局面。

我们确立"建设资源型经济转型发展示范区""打造全国能源革命排头兵""构建内陆地区对外开放新高地"三大目标，进一步凸显了山西在国家经济发展格局中的战略地位和比较优势。信息技术、高端装备、生物医药、通用航空、光机电、现代煤化工等产业集群快速挺起，近两年煤炭年均增长1.9%，制造业年均增长9%，新能源装机占比超过30%，"工业结构反转"实现突破。"一煤独大"正在走向"多元支撑"，高质量转型发展迈出新步伐。

我们扎实做好"三农"工作，大力实施新型城镇化和乡村振兴战略，构建平川与山区协调发展新格局，农民收入增幅连年高于城镇居民增幅。

我们秉持"打不赢脱贫攻坚战，就对不起这块红色土地"的态度和决心，聚焦"两不愁三保障"，推动农村贫困人口从2014年的329万降到25万，贫困发生率从13.6%降到1.1%，58个贫困县今年将全部摘帽。加大民生保障力度，就业社保教育医疗等社会事业全面发展，居民收入增速持续高于GDP增速。

我们在"全方位、全地域、全过程开展生态环境保护"上持续发力，启动"两山七河"生态工程，2018年全省环境空气质量综合指数同比改善10.8%，实现经济运行和生态环保同向好转。

我们坚持新时代党的建设总要求，全面加强党的领导，多措并举严肃党内政治生活，监察体制改革制度优势全面转化为治理效能，反腐败斗争取得压倒性胜利并不断巩固，基层组织、基础工作、基本能力建设全面加强，干部队伍展现出勇于担当、干事创业、追求一流的新风貌。山西的重大转折和变化，根本在于以习近平同志为核心的党中央的坚强领导，根本在于习近平新时代中国特色社会主义思想的科学指引。

面向"两个一百年"奋斗目标，在习近平新时代中国特色社会主义思想伟大旗帜指引下，在中国共产党初心的映照下，山西在中国特色社会主义康庄大道上肩负起创造美好未来的新使命。作为华夏文明重要发祥地，这是实现振兴崛起、焕发时代光彩的新使命；作为共和国能源基地和老工业基地，这是加快创新驱动、促进转型升级的新使命；作为国家资源型经济转型综合配套改革试验区和能源革命综合改革试点，这是先行先试、勇于探索的新使命；作为具有光荣传统的革命老区，这是弘扬革命精神、传承红色基因的新使命。实现新使命，不是一马平川的坦途，也不是轻松惬意的旅途，更不是坐享其功的通途，而是统筹推进"四个伟大"、需要付出更为艰巨更为艰苦努力的新的长征。我们要坚持"治"不忘"危"、"兴"不忘"忧"，牢记唯有敢拼敢闯敢干，才能走稳走好走远。

勇担新使命，我们要高举习近平新时代中国特色社会主义思想伟大旗帜，以绝对忠诚和实际行动践行"两个维护"。扎实开展"不忘初心、牢记使命"主题教育，教育引导党员干部锤炼忠诚干净担当的政治品格。把学习贯彻党的十九大精神和习近平总书记视察山西重要讲话精神结合起来，进一步在融会贯通、学以致用、解决问题上下功夫，让习近平新时代中国特色社会主义思想照亮奋进之路。坚持把"两个维护"作为最高政治准则和根本政治规矩，在增进理性认同、情感认同上不断迈向新高度，在增强维护定力和维护能力上不断实现新进步，全面正确有效执行习近平总书记重要指示批示和党中央决策部署，确保山西工作始终沿着正确方向前进。

勇担新使命，我们要勠力同心攀登事业高峰，打造山西新优势新动力新形象。认真贯彻新发展理念，紧紧抓住促进中部地区崛起、京津冀协同发展等国家战略带来的机遇，履行好转型综改、能源革命等重大使命，扎实推进经济发展方式转变，走出一条产业优、质量高、效益好、可持续的发展新路。坚持党的领导、人民当家作主、依法治国有机统一，调动一切积极因素，把各方面智慧和力量凝聚到全面拓展新局面上来。牢牢掌握意识形态工作领导权，守正和创新相结合，努力建设文化强省，让正能量更充沛、主旋律更高昂。认真践行以人民为中心的发展思想，坚决打赢脱贫攻坚战，加快补齐民生短板，防范化解重大风险，以牢固的公仆意识践行初心。坚持把生态文明建设摆在全局工作的突出地位，用"绿水青山就是金山银山"理念建设美丽山西，以环保倒逼转型，以破解结构性污染促进生态环境改善，展现"人说山西好风光"新美景。以啃硬骨头精神全面深化改革，以眼睛向外姿态全面扩大开放，积极主动融入"一带一路"等国家战略，使山西跟上时代前进步伐。

勇担新使命，我们要坚持党的领导和全面从严治党，汇聚起全省人民改革创新、奋发有为的磅礴力量。以政治建设为统领全面推进党的建设，以彻底的自我革命精神查找解决违背初心和使命的问题，既要做好"刮骨疗毒、重整旗鼓"的工作，又要做好"修复生态、培植土壤"的工作，加强政治文化建设，推动政治生态朝着持久风清气正的方向迈进。大力弘扬太行精神、吕梁精神、右玉精神，保持爬坡过坎、滚石上山的奋斗状态，保持艰苦奋斗、担当作为的干事激情，保持抓铁有痕、久久为功的工作韧劲，勤于做事，敢于扛事，善于成事，确保各项战略目标的实现，奋力谱写新时代中国特色社会主义山西篇章。

扫码观看
《中国1分钟·山西篇》

（《人民日报》2019年07月23日09版）

加强改革创新　努力闯出新路

中共安徽省委书记　李锦斌　　安徽省人民政府省长　李国英

坚持以习近平新时代中国特色社会主义思想为指引,把学习贯彻习近平总书记视察安徽重要讲话精神作为重大政治任务,高质量实施五大发展行动计划,纵深推进全面从严治党,在全面建设现代化五大发展美好安徽征程上迈出了坚实步伐

扎实推进供给侧结构性改革,创新发展实现新突破;扎实推进现代农业建设,乡村振兴展现新面貌;扎实增进人民群众获得感,三大攻坚战取得新战果;扎实推进改革开放,经济社会发展激发新活力;扎实学习和贯彻党章,全面从严治党呈现新气象

70年砥砺奋进,70年春风化雨。新中国成立以来特别是改革开放以来,在党中央的坚强领导下,在历届省委、省政府的团结带领下,安徽人民解放思想、锐意创新、真抓实干,全力推进改革开放和社会主义现代化建设,走过了风云激荡的不平凡历程,取得了令人瞩目的历史性成就。全省生产总值由1952年的22.9亿元提高到2018年的30006.8亿元;财政收入由1949年的0.5亿元提高到2018年的5363亿元;城镇居民人均收入由1980年的398元提高到2018年的34393元,农村居民人均收入由1954年的61元提高到2018年的13996元。

2016年4月,习近平总书记亲临安徽视察并发表重要讲话,明确提出"加强改革创新,努力闯出新路"一大目标和"五个扎实"的工作任务,

为我们指明了前进方向，提供了根本遵循。我们坚持以习近平新时代中国特色社会主义思想为指引，把学习贯彻习近平总书记视察安徽重要讲话精神作为重大政治任务，高质量实施五大发展行动计划，纵深推进全面从严治党，在全面建设现代化五大发展美好安徽征程上迈出了坚实步伐。

扎实推进供给侧结构性改革，创新发展实现新突破。把创新作为引领发展的第一动力，加快打造具有重要影响力的科技创新策源地。聚焦最前沿，关键领域自主创新由"跟跑并跑"向"并跑领跑"迈进。大力推进"四个一"创新主平台和"一室一中心"建设，制定实施科技创新"攻尖"计划，量子信息与量子创新研究院组建运行，合肥科学中心能源、人工智能研究院挂牌，聚变堆主机关键系统综合研究设施启动建设，合肥建成大科学装置数量居全国前列，涌现出全球首颗量子通信卫星"墨子号"、全球首台超越早期经典计算机的光量子计算机、全球首条量子保密通信网络"京沪干线"、"高分五号"测量卫星等一批"安徽原创""安徽首创"的重大成果。聚焦高质量，制造业发展由"中低端"向"中高端"迈进。以现代化经济体系为目标，重点发展智能家电、电子信息、新能源和智能网联汽车、工业机器人、人工智能五大产业，加快形成高技术—新领域—基础设施和平台的"高新基"全产业链项目体系。聚焦主战场，科技成果由"实验室"向"大市场"迈进。把安徽创新馆打造成"政产学研用金"深度融合科技大市场，2018年每万人发明专利拥有量9.83件，区域创新能力连续7年居全国第一方阵。

扎实推进现代农业建设，乡村振兴展现新面貌。坚持农业农村优先发展总方针，推动安徽由农业大省向农业强省转变。突出抓产业，让农业强起来。深入推进农业产业化发展工程，大力实施"互联网+"农产品出村工程，近三年农产品加工业总产值年均增长7.8%，农村产品网络销售额年均增长40%以上，家庭农场总数和农民合作社总数分别居全国第一位和第八位。突出抓环境，让农村美起来。深入推进农村厕所、垃圾、污水整治"三大革命"和村庄清洁、畜禽粪污资源化利用、村庄规划建设提升"三大行动",已建和在建美丽乡村中心村7056个,占规划布点总数70%。突出抓改革,让农民富起来。深化农村承包地"三权分置"改革,推进农村集体产权制度改革,累计分红1.2亿元,第一批改革试点村户均财产比改革前增收1000元。

扎实增进人民群众获得感,三大攻坚战取得新战果。坚持以人民为中心的发展思想,使人民获得感、幸福感、安全感更加充实、更有保障、更可持续。坚决打好防范化解重大风险攻坚战。制定实施"1+8+N"方案体系,扎实开展政府隐性债务"四清四实"专项整治,坚决守住不发生系统性金融风险的底线。聚焦"办案、打伞、断财、治乱",深入推进扫黑除恶专项斗争,营造安全稳定政治社会环境。坚决打好精准脱贫攻坚战。把大别山等革命老区作为首位重点,统筹抓好皖北地区、沿淮行蓄洪区等深贫地区脱贫攻坚,3年来累计实现266.4万贫困人口脱贫,贫困发生率由2015年底的5.72%降至0.93%。持续实施33项民生工程,每年新增财力的80%以上用于民生领域。坚决打好污染防治攻坚战。推进"三河一湖一园一区"生态文明示范创建工程,出台全面打造水清岸绿产业优美丽长江(安徽)经济带实施意见,务实推进沿江1公里、5公里、15公里岸线分级管控措施,率先开展林长制改革,复制推广新安江生态补偿机制,打好蓝天、碧水、净土保卫战。

扎实推进改革开放,经济社会发展激发新活力。大力弘扬敢为人先、改革创新的"小岗精神",做到改革不停顿、开放不止步。重点领域改革全面深化。深化简政放权、国资国企等重点领域改革,整合长江沿线6个城市港口资源成立省港航集团;在全国率先实施编制"周转池"制度,为22所本科高校核增"周转池"事业编制6130名。融入长三角全面发力。全面贯彻《长江三角洲区域一体化发展规划纲要》,研究制定贯彻国家战略的安徽行动计划。统筹推进合肥都市圈、合芜蚌自主创新示范区、皖江城市带承接产业转移示范区、皖北承接产业转移集聚区、大别山革命老区、皖南国际文化旅游示范区"一圈五区"建设。对外开放全面推进。举办

光辉的历程
——新中国成立70年的成就与启示

2018首届世界制造业大会,深化百家央企、民企、外企、侨企、台企、港澳企业"六百"对接,2018年全省对"一带一路"沿线投资增长1倍以上。

扎实学习和贯彻党章,全面从严治党呈现新气象。以党的政治建设为统领,坚持"三严三实",做到"两个维护"。坚定不移严规矩。先后开展"讲看齐、见行动"学习大讨论、"讲政治、重规矩、作表率"和"讲忠诚、严纪律、立政德"专题警示教育,特别是在"不忘初心、牢记使命"主题教育中开展"以案示警、以案为戒、以案促改"警示教育。坚定不移正风气。以彻底的自我革命精神力戒形式主义官僚主义,先后开展以"查问题、出硬招、改彻底"为重点的作风建设大排查和"严规矩、强监督、转作风"集中整治专项行动,出台"基层减负年"工作举措。坚定不移净生态。出台加强和改进同级监督若干规定,推进"三查三问"监督机制建设,2016年以来全省按"四种形态"处158930人次,其中第一、二种形态占90%以上。研究出台加强对"关键少数"特别是县处级以上领导干部从严教育管理监督的措施,甄选容错免责的典型案例并形成指导意见,引导各级领导干部勇于负责、敢于担当,以优异成绩庆祝新中国成立70周年。

扫码观看
《中国1分钟·安徽篇》

(《人民日报》2019年07月24日09版)

向着新时代中原更加出彩扎实迈进

中共河南省委书记　王国生　　河南省人民政府省长　陈润儿

坚定不移贯彻新发展理念，以打好"四张牌"展现高质量发展的新气场

坚定不移推进乡村振兴战略，以推动农业强、农村美、农民富稳固"三农"基本盘

坚定不移融入"一带一路"建设，以打造内陆开放高地来促改革、促创新、促发展

坚定不移践行以人民为中心的发展思想，以打好三大攻坚战为重点，让人民群众获得感、幸福感、安全感更加充实

坚定不移推进全面从严治党，以党的政治建设为统领，推动学的氛围、严的氛围、干的氛围越来越浓

新中国成立70年来，在党中央坚强领导下，伴随着中华民族从站起来、富起来到强起来的壮阔历程，河南这片镌刻着红色印记的沃土，发生了翻天覆地的历史巨变。特别是党的十八大以来，习近平总书记两次亲临河南视察指导，寄予了"实现'两个一百年'奋斗目标、实现中华民族伟大复兴的中国梦，需要中原更加出彩"的殷殷嘱托，激发了亿万中原儿女追梦逐梦的奋斗激情，"中原更加出彩"成为引领新时代河南发展的最强音。

光辉的历程
——新中国成立 70 年的成就与启示

新中国成立之初,河南人均生产总值仅为 50 元,粮食平均亩产 92 斤,发电量不到 500 万千瓦时。一代代河南人满怀"敢教日月换新天""誓把山河重安排"的豪情壮志,谋振兴、促崛起、求跨越,脚下的发展之路越走越宽广。三次产业结构从 1949 年的 67.6∶18.2∶14.1 优化为 8.9∶45.9∶45.2,经济总量连续多年居全国第五位,人均生产总值突破 5 万元,财政总收入增加到 5876 亿元,实现了从乡村型社会到城市型社会的历史性转变,展现出全面建成小康社会、加快建设现代化强省的美好前景。

党的十八大以来的这些年,是河南改革发展历程中绽放出彩风貌的重要时期。我们深入学习贯彻习近平新时代中国特色社会主义思想,把习近平总书记的重要指示要求转化为同心共筑中国梦、争先进位谋出彩的具体行动,以党的建设高质量推动经济发展高质量,让党中央决策部署在中原大地落地生根、开花结果。

坚定不移贯彻新发展理念,以打好"四张牌"展现高质量发展的新气场。把习近平总书记要求的打好"四张牌",作为落实新发展理念、深化供给侧结构性改革、推进高质量发展的关键举措抓紧抓牢。持续打好产业结构优化升级牌,坚持优化存量和扩大增量并重、发展先进制造业和壮大现代服务业并举,以装备制造等 12 个产业为重点实施产业转型发展攻坚,新能源客车、盾构机、智能手机等成为河南制造新名片,服务业对经济增长的贡献率达 50%。持续打好创新驱动发展牌,以郑洛新国家自主创新示范区建设为龙头,不断壮大创新引领型企业、人才、平台、机构,高新技术企业数量达 3322 家,神舟飞船、C919 大飞机等大国重器上有了更多河南元素。持续打好基础能力建设牌,郑州机场二期建成投运、三期工程启动建设,率先实现米字形高铁网实质性落地,全国重要的综合交通枢纽、通信枢纽、能源基地地位不断巩固。持续打好新型城镇化牌,中原城市群成为国家重点发展的城市群,郑州跻身国家中心城市行列,城镇化率提高到2018年的51.7%。

坚定不移推进乡村振兴战略,以推动农业强、农村美、农民富稳固"三农"基本盘。把提高粮食生产能力与深化农业供给侧结构性改革结合起来,把推进农业农村绿色发展与开展人居环境整治衔接起来,把加大投入与深化改革统一起来,农村生产生活生态协调发展取得重要进展。粮食生产连年丰收,2018年达到1329.8亿斤。多彩农业的品牌越擦越亮,优质专用小麦、优质花生种植面积和食用菌、蔬菜、中药材产值均居全国前列。现代农业产业体系加快构建,成为全国第一粮食加工大省、第一肉制品大省。全省返乡创业累计130万人,带动就业814万人。涌现出水墨郝堂、老家莫沟等一大批美丽乡村,越来越多的农村人过上了和城里人一样的幸福生活。

坚定不移融入"一带一路"建设,以打造内陆开放高地来促改革、促创新、促发展。牢记习近平总书记提出的建成连通境内外、辐射东中西的物流通道枢纽,建设郑州—卢森堡"空中丝绸之路"等要求,"无中生有"打造空中、陆上、网上、海上"四条丝绸之路",功能性口岸数量居内陆省份首位,去年进出口总额达到5513亿元,朝着"买全球、卖全球"目标迈进。卢森堡货航加密至每周18班,郑州机场货邮吞吐量跻身全球机场50强;中欧班列(郑州)实现每周14去10回,体现运营质量的综合指标名列前茅。枢纽带动物流、物流吸引产业、产业塑造都市的大格局正在形成。如今的河南,开放的大门越开越大,"朋友圈"遍布五洲四海,通道枢纽、口岸平台联通世界,正由对外开放的跟随者变成内陆开放高地建设的探索者。

坚定不移践行以人民为中心的发展思想,以打好三大攻坚战为重点,让人民群众获得感、幸福感、安全感更加充实。打好防范化解重大风险攻坚战,树立抓稳定就是抓发展的理念,深化扫黑除恶专项斗争,开展特定利益群体稳控化解专项治理,在全国率先逐县逐项开展政府隐性债务摸底审计调查，各领域风险得到及时化解，社会大局安定有序。打好精准脱贫攻坚战，深入实施产业扶贫等"四场硬仗"、易地扶贫搬迁等"六大行动"、交通扶贫等"四项工程"。2014年以来，39个贫困县脱贫摘帽，8315个贫困村退出，582.4万农村贫困人口脱贫，贫困发生率下降到1.21%。打好污染防治攻坚战，既抓"治"更重"建"，实施经济结构提质、生态功能提升、国土绿化提速、环境治理提效"四大行动"，开展大规模国土绿化和"四水同治"，环境质量持续改善。把民生实事办在群众心坎上，教育、文化、医疗卫生等公共服务体系不断健全，郑州大学、河南大学进入国家"双一流"建设行列，六大国家区域医疗中心加快建设。2018年城镇、农村居民人均可支配收入31874元、13831元，群众的笑脸一天比一天灿烂。

坚定不移推进全面从严治党，以党的政治建设为统领，推动学的氛围、严的氛围、干的氛围越来越浓。坚决扛稳管党治党政治责任，以信仰之力营造学的氛围，采取平时抓紧自学、以会代训领学、进党校高校讲课、沉到基层宣讲、在交流中互学等方式，推动学习贯彻习近平新时代中国特色社会主义思想走深走心走实；以敬畏之心营造严的氛围，让严的味道随时能"闻到"，让铁的纪律随时能"听到"，党员干部在监督下开展工作的自觉性普遍增强；以担当之责营造干的氛围，深学细照笃行焦裕禄精神，激发干的动力、树好干的导向、倡树干的作风，激励干部担责担难担险，各级党组织的政治领导力、思想引领力、群众组织力、社会号召力不断提升。

河南70年走过的路，是中国发展奇迹的一个缩影，彰显着马克思主义中国化的伟大理论优势、中国特色社会主义的强大制度优势、中国共产党领导的巨大政治优势。站在新的历史起点，我们要以扎实开展"不忘初心、牢记使命"主题教育为契机，高举习近平新时代中国特色社会主义思想伟大旗帜，增强"四个意识"、坚定"四个自信"、做到"两个维护"，坚持以党的建设高质量推动经济发展高质量,奋力谱写中原更加出彩的绚丽篇章!

扫码观看
《中国一分钟·河南篇》

(《人民日报》2019年07月25日09版)

促进协调发展　激发创新活力

中共湖北省委书记　蒋超良　　湖北省人民政府省长　王晓东

坚决落实习近平总书记"共抓大保护、不搞大开发"重要指示，坚守"长江生态环境只能优化、不能恶化"底线一寸不让，持续做好生态修复、环境保护、绿色发展"三篇文章"。

深化重点领域和关键环节改革、扩大更高水平对内对外开放、坚持不懈优化发展环境，湖北传承弘扬"筚路蓝缕、以启山林"的创业精神，坚持向改革开放要动力，积极打造内陆改革开放新高地。

新中国成立70年来，在党中央的正确领导下，湖北经济社会发展取得巨大成就，荆楚大地发生翻天覆地的变化。特别是党的十八大以来，湖北坚持以习近平新时代中国特色社会主义思想为指导，牢记习近平总书记"四个着力""四个切实"嘱托，增强"四个意识"，坚定"四个自信"，做到"两个维护"，以久久为功、滴水穿石的定力和韧劲抓发展、破难题，着力答好高质量发展的时代考题，推动高质量发展行稳致远。2018年，全省实现地区生产总值3.94万亿元，居全国第七。2019年上半年，全省地区生产总值同比增长8%，高于全国1.7个百分点。

打赢三大攻坚战

打赢三大攻坚战，直接关系全面建成小康社会的成色和社会主义现代化的质量，关系"两个一百年"奋斗目标的交汇衔接。近年来，湖北把打赢三大攻坚战摆在经济社会发展全局位置来部署推进。

强化底线思维和忧患意识，坚决打好防范化解重大风险攻坚战。出台防范化解重大风险工作方案和问责暂行办法，全面开展政治和意识形态、经济、科技、社会等领域风险排查整治，守住不发生系统性区域性风险的底线。

保持战略定力和攻坚压力，坚持五级书记抓扶贫，集中力量攻克深度贫困堡垒，认真做好中央脱贫攻坚专项巡视反馈问题整改，着力解决"两不愁三保障"突出问题。2014年以来，全省累计减贫490.7万人，脱贫摘帽20个贫困县，贫困发生率由14.4%降至2018年底的2.4%以下。

紧盯突出问题和薄弱环节，坚决打好污染防治攻坚战。2018年，全省参与"国考"城市空气质量优良天数比例为76.7%，主要河流水质优良符合Ⅰ—Ⅲ类断面比例为87%，土壤重金属污染、有机污染加重趋势得到有效遏制。

湖北是长江三峡库坝区和南水北调中线工程核心水源区所在地。守护一江清水东流、一库净水北送，湖北坚决落实习近平总书记"共抓大保护、不搞大开发"重要指示，坚守"长江生态环境只能优化、不能恶化"底线一寸不让，持续做好生态修复、环境保护、绿色发展"三篇文章"。

留白增绿修复长江岸线生态。统筹实施长江防护林建设、水土流失治理、两岸造林绿化等工程，岸滩岸线复绿800多万平方米，精准灭荒造林71.8万亩，建成各类自然保护地344个。

强力推进长江环境保护。关改搬转沿江化工企业115家，有效破解"化工围江"问题。大力整治非法码头、非法采砂、非法排污，取缔各类码头1211个，清退岸线150公里，关停封堵或并入污水处理厂入河排污口181个。

健全长江绿色发展长效机制。编制实施长江经济带生态保护和绿色发展总体规划及5个专项规划，初步形成"源头严控、过程严管、末端严治、后果严惩"的生态环境硬约束机制。2018年，湖北国考断面水质优良比例达 86%，比全国平均水平高 15 个百分点，长江岸线再现一江碧水、两岸青山的美丽画卷。

创新发展新动能

新动能是推进质量变革、效率变革、动力变革的关键所在。湖北坚持全要素考量、全产业链统筹、全地域谋划，突出产业协同、区域协调、城乡融合、特色分工，在发展的协调性和可持续性上下功夫，发展的后劲更足、态势更强、基础更稳。

不断优化产业结构。深化供给侧结构性改革，落实"巩固、增强、提升、畅通"八字方针，一手抓传统产业转型升级，一手抓战略性新兴产业培育，三次产业结构由 1952 年的 56.7：15.6：27.7 调整为 2018 年的 9.0：43.4：47.6。

不断促进协调发展。实施"一芯两带三区"区域和产业发展布局，推动鄂东、江汉平原、鄂西协调发展。统筹城乡发展，城镇化率由 1952 年的 10.1% 提高到 2018 年的 60.3%。实施乡村振兴战略，粮食产量稳定在 500 亿斤以上，农产品加工业产值突破 1.2 万亿元。

不断激发创新创造活力。发挥高校科研院所众多的优势，实施创新驱动发展战略，推进创新链、产业链、资金链、政策链、人才链深度融合。2018 年，全省高新技术产业增加值达到 6653 亿元，比 1996 年增长 92 倍；综合科技创新水平从 2013 年的全国第十二位上升到第七位。

深化改革促发展

深化重点领域和关键环节改革、扩大更高水平对内对外开放、坚持不懈优化发展环境，湖北传承弘扬"筚路蓝缕、以启山林"的创业精神，坚持向改革开放要动力，积极打造内陆改革开放新高地。

深化重点领域和关键环节改革。党的十八大以来，不断深化"放管服"改革，大力推进"一网通办、一次办好"，农业农村、国资国企、财政金融、科技体制等改革取得较好成效。党中央部署的 100 多项改革试点取得可复制可推广成果，省级层面 128 项改革任务取得积极进展。

扩大更高水平对内对外开放。举办华创会、楚商大会、中部国际产能合作大会等活动，截至 2018 年底，来鄂投资世界 500 强企业达到 283 家。积极融入"一带一路"建设，推动优质产能"走出去"。对外承包工程居全国第一方阵。2019 年上半年，全省进出口总额同比增长 10.6%，高于全国 6.7 个百分点。

坚持不懈优化发展环境。加快实施新外商投资法，用好湖北自贸区等制度创新和对外开放平台，打造公平、公正、稳定、可预期的营商环境。出台"支持民营经济发展 27 条"和"三个 100 亿"等政策举措，民营经济撑起全省经济的"半壁江山"。

群众利益无小事，民生问题大于天。湖北牢固树立以人民为中心的发展思想，着力推进底线民生、普惠民生、质量民生，更大力度保障和改善民生。始终把稳就业摆在突出位置，统筹做好农村转移劳动力、退役军人、城镇就业困难人员、大学毕业生等重点群体就业工作。加快社会保障体系建设和社会事业发展，民生投入占地方财政支出的比重保持在 75% 以上。构建共建共治共享社会治理格局，深入开展扫黑除恶专项斗争，保障人民群众安居乐业。2018 年，全省城乡居民人均可支配收入分别达到 3.4 万元、1.5 万元，分别是 1980 年的 83 倍、88 倍，城镇新增就业 92 万人，城镇登记失业率保持在 2.5% 的低位。

追忆往昔，荆楚儿女砥砺奋进，富民强省成就辉煌；喜看今朝，湖北大地激情奔涌，千里江汉百舸争流。湖北将不忘初心、牢记使命，担当作为、真抓实干，谱写新时代高质量发展新篇章，以优异成绩迎接新中国成立 70 周年！

光辉的历程
——新中国成立70年的成就与启示

扫码观看
《中国一分钟·湖北篇》

（《人民日报》2019年07月26日09版）

继往开来新征程　重整行装再出发

中共湖南省委书记　杜家毫　　湖南省人民政府省长　许达哲

党的十八大以来，全省各族人民坚持以习近平新时代中国特色社会主义思想为指导，深入贯彻习近平总书记对湖南作出的"精准扶贫""一带一部""三个着力""守护好一江碧水"等重要指示精神，扎实推动党中央各项决策部署落地生根，加快建设富饶美丽幸福新湖南，各项事业发展取得历史性成就、发生历史性变革

对湖南这片有着光荣革命传统的红色热土而言，对新中国成立70周年最好的庆祝，就是重整行装再出发，把新时代湖南改革开放和现代化建设事业不断推向前进

70年，在人类历史的长河中不过是短暂的瞬间，新中国却走过了其他国家几百年的发展历程，演绎了一场波澜壮阔的巨大变迁。中华民族迎来了从站起来、富起来到强起来的伟大飞跃。伴随着新中国铿锵前进的步伐，在党中央坚强领导下，湖南取得了令人瞩目的辉煌成就，全省地区生产总值从1949年的17.7亿元跃升到2018年的3.64万亿元，人均地区生产总值从不到100元增加到5.29万元，实现了从百废待兴到百业兴旺、从内陆封闭到创新开放、从绝对贫困到全面小康的历史跨越。特别是党的十八大以来，全省各族人民坚持以习近平新时代中国特色社会主义思想为指导，深入贯彻习近平总书记对湖南作出的"精准扶贫""一带一部""三个着力""守护好一江碧水"等重要指示精神，扎实推动党中央各项决策部署

光辉的历程
——新中国成立70年的成就与启示

落地生根,加快建设富饶美丽幸福新湖南,各项事业发展取得历史性成就、发生历史性变革。

历经70年接续奋斗,湖南已经站在了一个新的更高起点,全省人民正豪迈自信地迈向全面建成小康社会、奋力实现第一个百年奋斗目标,进而开启实现第二个百年奋斗目标的新征程。这是一段使命更光荣、任务更艰巨、挑战更严峻、工作更伟大的新长征,需要我们保持和发扬新中国成立70年来的艰苦奋斗精神和攻坚克难勇气。正如习近平总书记深刻指出的,"在新中国成立70年的时候宣示下一个70年,我们将高举革命的旗帜,继往开来,重整行装再出发"。对湖南这片有着光荣革命传统的红色热土而言,对新中国成立70周年最好的庆祝,就是重整行装再出发,把新时代湖南改革开放和现代化建设事业不断推向前进。

重整行装再出发,就要毫不动摇坚持党的领导、坚定信仰信念信心。湖南70年发展取得的一切成就,都是在中国共产党的坚强领导下取得的、在党的创新理论科学指引下取得的,生动反映了我们党带领人民探索社会主义革命、建设和改革开放的历史进程。湖南的实践充分证明,领导我们事业的核心力量是中国共产党;只有社会主义才能救中国,只有中国特色社会主义才能发展中国。不管湖南事业推进到哪一步,必须旗帜鲜明坚持和加强党的领导,坚定不移走中国特色社会主义道路,坚定对马克思主义的信仰、对中国特色社会主义的信念、对实现中华民族伟大复兴中国梦的信心。从当前来讲,最重要最根本的是按照"往深里走、往心里走、往实里走"要求,深入学习贯彻习近平新时代中国特色社会主义思想,增强"四个意识"、坚定"四个自信"、做到"两个维护",最广泛地团结引领全省各族人民,以理想之光照亮奋斗之路、用信仰之力开创美好未来。

重整行装再出发,就要解放和发展社会生产力、推动经济高质量发展。发展是基础,经济不发展,一切都无从谈起。湖南70年的奋斗历程,就是一部致力于改变落后面貌、加快经济建设、不断解放和发展社会生产力的历史。中国特色社会主义进入新时代,发展仍然是解决湖南所有问题的根本，什么时候都要抓好发展这个第一要务。湖南省第十一次党代会明确提出，坚持发展为要，全面建成小康社会，力争到建党100周年时人均地区生产总值达到1万美元、经济社会发展整体达到中等发达国家水平，加快建设经济强省、科教强省、文化强省、生态强省和开放强省。我们要牢固树立新发展理念，坚持从中华民族伟大复兴的战略全局和世界百年未有之大变局出发谋发展、抓发展，坚持走以供给侧结构性改革为主线推动高质量发展之路，实施创新引领开放崛起战略、打好三大攻坚战、全面建成小康社会，努力实现更高质量、更有效率、更加公平、更可持续的发展，进一步筑牢湖南经济繁荣、社会稳定、人民幸福的物质基础。

重整行装再出发，就要坚持深化改革扩大开放。新中国成立70年来，从计划经济到商品经济再到社会主义市场经济，从"关起门来搞建设"到高水平引进来、走出去，改革给湖南装上了发展的引擎，开放让湖南跟上了世界的步伐。面对新一轮科技革命和产业变革深入发展的时代潮流，湖南要抢占发展制高点、赢得发展主动权，必须向改革要动力、向开放要活力。聚焦全面深化改革总目标，按照党中央决策部署，全面推进经济建设、政治建设、文化建设、社会建设、生态文明建设和党的建设，推动各方面制度更加科学和完善，促进治理体系和治理能力现代化；牢牢把握"一带一部"战略定位，发挥"过渡带"优势集聚资源要素，发挥"结合部"优势扩大对外开放，深入实施对接500强提升产业链等开放行动，积极承接新兴产业布局和转移，高质量"引进来""走出去"，提升开放型经济水平，打造内陆开放新高地。

重整行装再出发，就要坚持以人民为中心、着力保障改善民生。新中国成立70年来，湖南走过了从绝对贫困到总体小康再到全面小康的光辉历程，三湘人民经历了从盼温饱到盼环保、从求生存到求生态、从要福利到要权利的转变。全省人民生活得到历史性提升的过程，就是坚持发展为了人民、依靠人民、造福人民的过程。习近平总书记深刻指出，"以百姓心为心，既是我们党的初心，也是我们党的恒心""人民对美好生活的向往，就是我们的奋斗目标"。面向未来，我们要始终坚持以人民为中心，把党的初心使命铭刻于心，用心用情做好加强保障和改善民生工作，一鼓作气攻克贫困最后堡垒，着力解决人民群众所需所急所盼，让三湘人民共享经济、政治、文化、社会、生态等各方面发展成果，不断提高人民群众获得感、幸福感、安全感。

重整行装再出发，就要坚持全面从严治党、推进党的伟大自我革命。办好中国的事情，关键在党，关键在坚持党要管党、全面从严治党。70年来，伴随社会主义革命、建设和改革开放的历史进程，历届湖南省委在党中央坚强领导下，一以贯之推进党的伟大自我革命，提高全省各级党组织的创造力、凝聚力、战斗力，为湖南各项事业发展提供了坚强保证。历史启示我们，越是事业发展和使命艰巨，越要坚定不移推进全面从严治党，把党建设得更加坚强有力。面向未来，我们要认真落实新时代党的建设总要求，坚持以党的政治建设为统领推进党的各项建设，坚定不移推进党风廉政建设和反腐败斗争，不断提高自我净化、自我完善、自我革新、自我提高的能力，营造风清气正的良好政治生态。

70年披荆斩棘，70年奋斗不息。我们坚信，有以习近平同志为核心的党中央的坚强领导，有习近平新时代中国特色社会主义思想的科学指引，全省各族人民心往一处想、劲往一处使，湖南的明天一定会更加美好！

扫码观看
《中国一分钟·湖南篇》

（《人民日报》2019年07月29日09版）

推动治蜀兴川再上新台阶

中共四川省委书记　彭清华　　四川省人民政府省长　尹力

川蜀大地发生沧桑巨变，人民生活实现时代跨越

七十年辉煌历程积累的宝贵经验，为引领四川跨越发展提供深刻启示

始终沿着习近平总书记指引的方向坚定前行，奋力书写推动治蜀兴川再上新台阶的时代答卷

新中国成立70年来，四川经济社会发展取得巨大成就。特别是党的十八大以来，在以习近平同志为核心的党中央坚强领导下，坚持稳中求进工作总基调，认真践行新发展理念，统筹推进"五位一体"总体布局、协调推进"四个全面"战略布局，四川各项事业取得新的成就。

一、川蜀大地发生沧桑巨变，人民生活实现时代跨越

从一穷二白到经济大省，经济发展取得重大成就。经济规模从1952年的20多亿元到2018年的4万多亿元，实现历史性跨越。产业结构从"一二三""一三二"转变为"三二一"，建成门类齐全的现代工业体系。建成进出川大通道31条，公路总里程超过33万公里，开通国内外航线346条，成都双流国际机场旅客吞吐量近5300万人次，"蜀道难"成为历史。与220多个国家（地区）建立经贸往来，落户世界500强企业347家，正从内陆盆地走向开放前沿。

从温饱不足到决胜全面小康，人民生活水平显著提升。脱贫攻坚取得

决定性进展，建档立卡农村贫困人口从 2013 年底的 625 万减少到 2018 年的 71 万，贫困发生率从 9.6% 下降到 1.1%。今年底藏区贫困县将全部摘帽，明年彝区贫困县将全部摘帽。社会保障实现全覆盖，城乡居民基本养老保险覆盖 3222 万人，基本医疗保险覆盖 8636 万人。

从发展滞后到繁荣兴盛，社会事业取得长足发展。川蜀文化影响力提高，文化体制改革和文化产业发展走在全国前列，文化馆、博物馆、图书馆达 664 个，国家、省级非物质文化遗产名录 661 项。9 年义务教育巩固率达 94.6%、普通高校达 126 所。建成国家和省级科技创新平台 1635 个，科技对经济增长贡献率达 56%。普惠医疗卫生格局全面形成，人均预期寿命 77.1 岁。广播、电视综合覆盖率分别达 97.8%、98.8%。

从粗放开发到和谐共生，绿色发展迈出坚实步伐。作出建设美丽四川的重大战略决策，环境保护和生态建设上升到生态文明建设阶段。切实筑牢长江上游生态屏障，在全国率先实施天然林保护工程，推进绿化全川行动，森林覆盖率达 38.8%、草原植被综合盖度达 84.8%。清洁能源装机占比达 83.7%，水电装机和发电量居全国第一，清洁能源示范省基本建成。

从封闭落后到全面进步，民主法治建设开创新局面。藏区彝区"一步跨千年"、社会制度发生跨越式进步，民族地区繁荣发展、长治久安。基层民主建设不断深入，治蜀兴川法制体系建设取得较大突破，藏区依法治理深入推进，全社会法治观念明显增强。

同时，党的建设取得显著成效。坚持把党的政治建设摆在首位，统筹推进党的各项建设，持续用力正风肃纪，抓铁有痕惩贪治腐，各级党组织和广大党员干部在改革开放攻坚克难、抗震救灾和灾后恢复重建、精准扶贫等急难险重工作推进中充分发挥战斗堡垒和先锋模范作用，全省政治生态发生了可喜变化。

二、七十年辉煌历程积累的宝贵经验，为引领四川跨越发展提供深刻启示

必须坚持党对一切工作的领导，把党的领导贯穿四川发展各方面全过程。70年来四川之所以能创造辉煌的成就，归根结底是因为有中国共产党的坚强领导。只有把党的领导体现到治蜀兴川各方面，贯穿于科学执政、民主执政、依法执政全过程，确保党始终处在总揽全局、协调各方的领导核心地位，才能确保事业发展行稳致远。

必须坚持把发展作为第一要务，把经济建设作为兴省之要。70年来四川走过的历程告诉我们，发展是必须紧紧抓住、一刻也不能放松的中心任务。发展不平衡、不充分仍然是四川最突出的问题。只有牢牢扭住经济建设这个中心，始终保持专注发展定力，才能决胜全面小康、建设经济强省。

必须坚持破除"盆地意识"，把改革开放作为推动发展的不竭动力。70年来四川与时俱进的创新探索昭示我们，没有思想大解放，就不会有发展大突破。四川每一次抓住机遇、加快发展，都是解放思想、转变观念带来的。只有破除思想障碍和制度藩篱，以创新思维和全球视野，深化改革扩大开放，才能始终走在全面开发开放前列。

必须坚持以人民为中心的发展思想，把满足人民群众对美好生活的向往作为奋斗目标。70年来四川取得的辉煌成就证明，发展必须依靠人民、为了人民，发展成果由人民共享。只有坚持以人民为中心，把保障和改善民生作为出发点和落脚点，解决好人民群众最关心最直接最现实的利益问题，才能不断增进人民群众福祉。

必须坚持弘扬实干担当精神，把宏伟蓝图变成生动实践。70年来四川发展中的一个重要特点，就是广大干部群众苦干实干、巧干敢干，保持昂扬奋进的精神状态和求真务实的工作作风。只有以钉钉子精神狠抓落实，一件事情接着一件事情干、一年接着一年干，才能实现确定的各项目标任务，谱写好中国梦四川篇章。

三、始终沿着习近平总书记指引的方向坚定前行,奋力书写推动治蜀兴川再上新台阶的时代答卷

持续在学懂弄通做实习近平新时代中国特色社会主义思想上下功夫。扎实开展"不忘初心、牢记使命"主题教育,深入学习习近平新时代中国特色社会主义思想、党的十九大精神和习近平总书记对四川工作系列重要指示精神,学深悟透、融会贯通、真信笃行。全面落实新时代党的建设总要求,以党的政治建设为统领,统筹抓好党的各项建设,切实增强"四个意识"、坚定"四个自信"、做到"两个维护",始终在思想上政治上行动上同以习近平同志为核心的党中央保持高度一致,确保习近平总书记对四川发展总体擘画落地生根、开花结果。

大力实施"一干多支、五区协同""四向拓展、全域开放"战略部署,推动经济高质量发展。做强"主干",支持成都加快建设全面体现新发展理念的国家中心城市;发展"多支",推动环成都经济圈、川南经济区、川东北经济区、攀西经济区竞相发展;加强川西北生态示范区建设,促进区域协同发展,鼓励部分有条件的区域中心城市争创全省经济副中心,推动县域经济高质量发展。深度融入"一带一路"建设、长江经济带发展、新一轮西部大开发等,突出南向、提升东向、深化西向、扩大北向,构建现代综合交通运输体系,建好自贸试验区。重点培育电子信息、装备制造、食品饮料、先进材料、能源化工等支柱产业,大力发展数字经济,打造具有特色优势的现代产业体系。

切实保障和改善民生,提升人民群众获得感、幸福感、安全感。打好精准脱贫攻坚战,围绕"两不愁三保障",聚焦藏区彝区深度贫困地区和特殊贫困群体,下足"绣花"功夫。打好污染防治攻坚战,扎实抓好中央环保督察反馈问题整改,推进生态文明体制改革,进一步筑牢长江上游生态屏障。加快文化强省旅游强省建设,推动教育、医疗、体育等社会事业全面进步。

着力防风险守底线，确保社会大局和谐稳定。防范化解重大风险，坚决守住不发生系统性区域性风险的底线。不断提升防灾减灾救灾能力，守住社会稳定、安全生产、食品药品安全"三条底线"。加强平安四川建设，推进依法治理，深入开展扫黑除恶专项斗争，实现社会长治久安。

扫码观看
《中国一分钟·四川篇》

（《人民日报》2019年07月30日09版）

光辉的历程
——新中国成立70年的成就与启示

夺取脱贫攻坚同步小康的全面胜利

中共贵州省委书记　孙志刚　　贵州省人民政府省长　谌贻琴

牢牢掌握打赢脱贫攻坚战的主动权制胜权,把打赢脱贫攻坚战作为守初心、担使命的直接体现。

以供给侧结构性改革为主线,以高端化、绿色化、集约化为主攻方向,努力推动经济社会高质量发展。

坚持把党的政治建设摆在首位,持续推动正风肃纪反腐,坚决反对形式主义、官僚主义,把各级党组织建设得更加坚强有力。

新中国成立70年来,在党中央坚强领导下,历届贵州省委、省政府团结带领全省各族干部群众,奋力拼搏、不懈奋斗,推动经济社会发展取得巨大成就,城乡面貌发生了天翻地覆的变化。2018年,全省生产总值1.48万亿元、人均41244元,分别是1949年的2377倍和937倍;城镇、农村居民人均可支配收入分别为31592元和9716元,是1949年的336倍和201倍;公路里程19.69万公里,是1949年的101倍,高速公路里程达6453公里,高速铁路里程达1262公里。

党的十八大以来,贵州坚持以习近平新时代中国特色社会主义思想为指导,认真贯彻落实以习近平同志为核心的党中央决策部署,认真贯彻落实习近平总书记对贵州工作的重要指示精神,推动各方面工作取得新的历史性成绩。习近平总书记深刻指出,"贵州取得的成绩,是党的十八大以来党和国家事业大踏步前进的一个缩影"。

习近平总书记对贵州工作非常重视，多次对贵州工作作出重要指示，要求贵州"决战脱贫攻坚，决胜同步小康，续写新时代贵州发展新篇章，开创百姓富、生态美的多彩贵州新未来"，为我们指明了前进方向、提供了根本遵循、注入了强大动力。我们坚决全面推动习近平总书记重要指示精神在贵州大地落地落实，以苦干实干业绩诠释对党的绝对忠诚。

深入贯彻落实习近平新时代中国特色社会主义思想，持续深化"牢记嘱托、感恩奋进"教育，坚决做到"两个维护"。党的十九大后，我们迅速在全省广泛深入开展"牢记嘱托、感恩奋进"教育，推动学习贯彻习近平新时代中国特色社会主义思想、党的十九大精神和习近平总书记在贵州省代表团重要讲话精神往深里走、往心里走、往实里走，常态化推进"七进"，开展"党的声音进万家，总书记话儿记心上"活动，开展大学习、大宣讲、大培训。通过持续深入教育引导，"牢记嘱托、感恩奋进"在贵州深入人心、深得人心，成为新时代贵州的最强音，凝聚了决战决胜的强大力量。全省各族干部群众坚定不移听党话、跟党走，更加自觉地以实际行动增强"四个意识"、坚定"四个自信"、坚决做到"两个维护"。

深入贯彻落实习近平总书记关于"尽锐出战、务求精准"的重要指示要求，牢牢掌握打赢脱贫攻坚战的主动权制胜权。把打赢脱贫攻坚战作为守初心、担使命的直接体现，坚持以脱贫攻坚统揽经济社会发展全局，把脱贫攻坚作为头等大事和第一民生工程，做到贫困不除、愧对历史，群众不富、寝食难安，小康不达、誓不罢休。持续打好农村基础设施建设、易地扶贫搬迁、产业扶贫、教育医疗住房"三保障""四场硬仗"，突出问题导向先后开展两轮"五个专项治理"，实施"四个聚焦"主攻深度贫困地区，深入推进振兴农村经济的深刻的产业革命。完成近8万公里农村"组组通"硬化路建设，彻底解决沿线1200万农民群众出行不便问题。按照"六个坚持"实施易地扶贫搬迁188万人，做好后续扶持"五个体系"建设。全面推行农业结构调整"八要素"，大幅调减玉米等低效作物，发展蔬菜、茶叶、食用菌等高效产业。全省贫困人口从2015年的623万减少至 2018 年的 155 万，贫困发生率下降到 4.3%，为按时打赢脱贫攻坚战奠定了具有决定性意义的坚实基础。

深入贯彻落实习近平总书记关于"守好发展和生态两条底线"的重要指示要求，努力推动经济社会高质量发展。以供给侧结构性改革为主线，以高端化、绿色化、集约化为主攻方向，深入推进"双千工程"，着力实施十大千亿级工业产业振兴行动，扎实推进国有企业战略性重组，创新实施能源工业运行新机制，加快国家内陆开放型经济试验区建设。强力实施大数据战略行动，加快国家大数据综合试验区建设，推进大数据"四个强化""四个融合"。防范化解债务风险，保持经济持续稳定健康发展势头。强力实施大生态战略行动，加快国家生态文明试验区建设，打好污染防治"五场标志性战役"，推进"双十"工程，在全国率先实施磷化工企业"以渣定产"。全省生产总值增速连续 8 年位居全国前三，其中 2017 年、2018 年连续居第一位。2018 年，森林覆盖率提高到 57%，主要河流出境断面水质优良率保持 100%，县城空气质量优良天数比率平均达 98.2%。

深入贯彻落实习近平总书记关于"要持之以恒把民生工作抓好"的重要指示要求，不断增强人民群众获得感幸福感安全感。坚持把就业摆在突出位置，深入实施农民全员培训三年行动计划和"雁归兴贵"行动计划，2018 年新增城镇就业 78 万人。坚持教育优先发展，在西部率先实现县域义务教育基本均衡发展。加快推进健康贵州建设，在全国率先实现省市县乡四级远程诊疗，有效缓解山区群众看病难问题。深化平安贵州建设，持续开展重大矛盾纠纷排查化解，深化社会治安打防管控，深入开展扫黑除恶专项斗争，加强安全生产监管，着力维护群众生命财产安全。

深入贯彻落实习近平总书记关于"推动全面从严治党向纵深发展"的重要指示要求，把各级党组织建设得更加坚强有力。坚持把党的政治建设摆在首位，严守政治纪律和政治规矩，高度警惕、严肃查处"七个有之"问题。持续推动正风肃纪反腐，严格执行中央八项规定及其实施细则精神，深入开展扶贫领域腐败和作风问题专项治理，深化运用监督执纪"四种形态",常态化开展警示教育。加强基层组织建设,推广把党支部建在合作社上、建在产业链上的成功经验,深入开展后进村党组织整顿,推行"一任务两要点三清单",把基层党组织建设成为具有革命精神的坚强战斗堡垒。坚决反对形式主义、官僚主义,大力推行抓落实"五步工作法",各级领导干部带头深入研究问题、破解难题,推动抓具体抓深入在贵州大地蔚然成风。

贵州70年来特别是党的十八大以来所取得的成绩令人瞩目、来之不易。我们坚信,有习近平总书记掌舵领航,有习近平新时代中国特色社会主义思想科学指引,有以习近平同志为核心的党中央坚强领导,我们一定能战胜一切艰难险阻、应对各种风险挑战,不断从胜利走向新的胜利。我们将继续深入学习贯彻习近平总书记对贵州工作的重要指示精神,牢记嘱托、感恩奋进,大力培育和弘扬"团结奋进、拼搏创新、苦干实干、后发赶超"的精神,坚决夺取脱贫攻坚、同步小康的全面胜利,奋力开创百姓富、生态美的多彩贵州新未来,决不辜负习近平总书记的亲切关怀,决不辜负党中央的信任重托。

扫码观看
《中国一分钟·贵州篇》

(《人民日报》2019年07月31日09版)

光辉的历程
——新中国成立70年的成就与启示

闯出一条跨越式发展的路子来

中共云南省委书记　陈豪　　云南省人民政府省长　阮成发

党的十八大以来，云南坚持以习近平新时代中国特色社会主义思想为指导，始终牢记和深入学习贯彻习近平总书记的重要指示精神，按照习近平总书记给云南提出的"主动服务和融入国家发展战略，闯出一条跨越式发展的路子来，努力成为民族团结进步示范区、生态文明建设排头兵、面向南亚东南亚辐射中心，谱写好中国梦的云南篇章"的要求，凝心聚力，共同奋斗。

中国共产党的领导是各民族发展进步的根本保证，中国特色社会主义道路是各族人民通往理想的康庄大道，改革开放是推动云岭大地发展进步的活力之源

"乌蒙磅礴走泥丸""金沙水拍云崖暖"，1935年2月到5月，中央红军两进两出云南，硬是在没有路的地方闯出一条路来，取得了战略转移中具有决定性意义的胜利。红军长征为红土高原带来了光明和希望，促进了云南各族人民的政治觉醒，播撒了民族团结的种子。1951年元旦，云南26个民族的代表在普洱专区会盟立誓、刻石铭碑："从此我们一心一德，团结到底，在中国共产党的领导下，誓为建设平等自由幸福的大家庭而奋斗！"誓言铿锵，行动笃实。长期以来，云南各族人民矢志不渝心向党、听党话、跟党走、感党恩，逐步摆脱贫困、走向富裕，摆脱封闭、走向开放，摆脱落后、走向进步，经济发展翻天覆地、城乡面貌沧桑巨变、人民

生活蒸蒸日上。2018年，全省经济总量达17881.12亿元，地方公共财政总收入达3719.77亿元，分别比1952年增长205倍和1988倍，全省城镇居民人均可支配收入33488元，比1950年增长283.7倍，农民人均纯收入10768元，比1956年增长182.8倍，培育了在全国有重要影响的烟草、旅游、能源、有色、生物等支柱产业，成为国家"西电东送""云电外送"重要绿色能源基地。

党的十八大以来，云南坚持以习近平新时代中国特色社会主义思想为指导，始终牢记和深入学习贯彻习近平总书记的重要指示精神，按照习近平总书记给云南提出的"主动服务和融入国家发展战略，闯出一条跨越式发展的路子来，努力成为民族团结进步示范区、生态文明建设排头兵、面向南亚东南亚辐射中心，谱写好中国梦的云南篇章"的要求，凝心聚力，共同奋斗。

高质量跨越式发展迈出坚实步伐。2015年以来，云南经济增速一直位居全国前列，经济总量从2014年全国第二十三位升至2018年全国第二十位。今年上半年，全省地区生产总值增长9.2%，继续保持全国前列。通过扎实推进"五网"基础设施建设，制约云南发展的瓶颈正在突破，全省高速公路通车总里程达5198公里，82个县通高速公路，铁路运营里程达3856公里（高铁运营里程1026公里），通航运营机场15个，航线实现昆明至东南亚国家首都全覆盖，能源网络贯通城市和农村，互联网全面覆盖，物流网络加快建设。坚持开放型、创新型和高端化、信息化、绿色化产业发展方向，深化供给侧结构性改革，全省产业结构、能源结构和经济结构不断优化，烟草、石油炼化、电力、有色、旅游等传统产业转型升级力度加大，八大重点产业（生物医药和大健康、旅游文化、电子信息、现代物流、高原特色现代农业、新材料、先进装备制造和食品与消费品制造）和绿色能源、绿色食品、健康生活目的地"三张牌"已经成为云南经济发展的新动能。

改革开放之路越走越宽广。认真落实习近平总书记"云南经济要发展，优势在区位、出路在开放"的重要指示精神，积极参与"一带一路"建设、西部大开发、长江经济带发展等重大部署，对内深化与长江三角洲、泛珠三角区域、京津冀、粤港澳、周边省（区）的交流合作，对外与南亚东南亚地区和印度洋周边经济圈加强全方位、多领域合作，扎实推进与周边国家互联互通，完善内联外通纽带功能，形成宽领域覆盖、多层次参与、全方位推进的对外交流新机制。目前，云南与周边国家建立11个双边地方合作机制，建成七大类18个开放合作功能区以及中国—南亚博览会等重点开放平台，主要领域四梁八柱性质的改革主体框架基本确立，营商环境不断优化，内外交流合作不断深化，有力增强了发展动力和活力。

脱贫攻坚取得决定性成效。坚持以脱贫攻坚统揽经济社会发展全局，坚定贯彻执行精准扶贫精准脱贫基本方略，聚焦解决"两不愁三保障"突出问题，推动脱贫攻坚工作取得显著成效。2013年至2018年，全省有707万贫困人口实现脱贫、5068个贫困村出列、48个贫困县脱贫"摘帽"，独龙族、基诺族、德昂族3个"直过民族"和人口较少民族实现整族脱贫。云南各族人民将如期向世代以来的贫困告别，乡村振兴压茬推进，全面小康越来越近。我们顺应各族人民对美好生活的向往，不断增投入、保基本、补短板、兜底线、建机制、促公平，学有所教、病有所医、老有所养、住有所居、弱有所扶持续得到加强，各族人民真切感受到党的关怀。

生态文明建设得到大改善。紧扣"努力成为我国生态文明建设排头兵"的战略定位，以建设中国最美丽省份为目标，深入实施大气、水、土壤污染防治行动计划，全力抓好以九大高原湖泊保护治理、以长江为重点的六大水系保护修复等八大标志性战役，深入开展城乡人居环境提升行动和农村人居环境整治，深化生态文明体制改革，坚决打好污染防治攻坚战，推动生态文明建设和环境保护不断取得新进展。2012年到2018年，全省森林覆盖率从50.03%提高到60.3%，地级以上城市空气质量优良天数比率一直在98%以上，洱海、滇池等九大高原湖泊保护治理取得新成效，绿色发展和生态文明理念深植云岭大地。

民族团结进步得到新加强。始终坚持"在云南,不谋民族工作就不足以谋全局"的指导思想和"各民族都是一家人,一家人都要过上好日子"的信念,把努力成为我国民族团结进步示范区作为重大政治任务,把民族工作融入全省发展大局,深入实施兴边富民工程改善沿边群众生产生活条件行动计划,"直过民族"和人口较少民族整族脱贫,深入实施民族团结进步创建工程,深入推进民族文化强省建设,加强少数民族文化传承保护,促进全面小康同步、公共服务同质、法治保障同权、精神家园同建、社会和谐同创,不断巩固和发展平等团结互助和谐的社会主义民族关系,不断铸牢中华民族共同体意识,保持和发展了各民族和睦相处、和衷共济、和谐发展的良好局面。民族团结之花开遍七彩云南,各族群众像石榴籽一样紧紧抱在一起。

回溯新中国成立70年来云南经济社会发展的每一步跨越,我们深刻感受到,中国共产党的领导是各民族发展进步的根本保证,中国特色社会主义道路是各族人民通往理想的康庄大道,改革开放是推动云岭大地发展进步的活力之源。我们必须始终增强"四个意识"、坚定"四个自信"、做到"两个维护",紧紧团结在以习近平同志为核心的党中央周围,沿着习近平新时代中国特色社会主义思想指引的方向,走好新时代的长征路,更好地贯彻落实党中央重大决策部署和习近平总书记对云南工作的重要指示精神,闯出一条高质量跨越式发展的路子!

扫码观看
《中国一分钟·云南篇》

(《人民日报》2019年08月01日09版)

光辉的历程
　　——新中国成立70年的成就与启示

贯彻治边稳藏战略　建设美丽幸福家园

西藏自治区党委书记　吴英杰　　西藏自治区人民政府主席　齐扎拉

　　西藏近70年来取得的成就，是党中央坚强领导的结果，是中央和国家机关部委、对口支援省市、中央企业和全国人民大力支持的结果，是历届自治区党委和政府带领全区各族干部群众团结奋斗的结果，充分彰显了社会主义制度的无比优越，体现了祖国大家庭的无比温暖，展现了党的治藏方略的无比正确。

　　实践充分证明，只有坚定不移坚持中国共产党的领导，坚持走中国特色社会主义道路，坚持民族区域自治制度，坚决贯彻党的治藏方略和习近平总书记治边稳藏重要论述，西藏的明天才会更加光辉灿烂。

　　新中国成立70年来，我们党带领全国各族人民砥砺奋进、阔步前行，全面开创了党和国家事业新局面，中华民族迎来了从站起来、富起来到强起来的伟大飞跃。西藏作为特殊的边疆民族地区，始终受到党中央的特殊关心关怀、沐浴着党的阳光雨露。特别是党的十八大以来，以习近平同志为核心的党中央高度重视西藏工作，习近平总书记为西藏工作把舵定向、谋篇布局，创造性地继承和发展党的治藏治边理论，作出治边稳藏重要论述。习近平总书记出席中央第六次西藏工作座谈会并发表重要讲话，明确了新形势下西藏工作的指导思想、目标任务、重要原则和着眼点着力点、出发点落脚点，制定了一系列特殊优惠政策，规划了一系列重大项目，把西藏工作在党和国家工作全局中的重要战略地位提升到了前所未有的高度，为西藏工作指明了前进方向、提供了根本遵循。我们增强"四个意识"、坚定"四个自信"、做到"两个维护"，坚持以习近平新时代中国特色社会主义思想为指导，深入贯彻习近平总书记治边稳藏重要论述，坚持党对一切工作的领导，狠抓发展稳定生态三件大事，推动各项事业取得了历史性成就、发生了历史性变革。

经济持续健康发展。坚持稳中求进工作总基调，贯彻落实新发展理念，以推进供给侧结构性改革为主线，以处理好"十三对关系"为根本方法，大力实施以"神圣国土守护者、幸福家园建设者"为主题的乡村振兴战略，着力改善基础设施条件，积极推进特色优势产业发展，加快建设现代化经济体系，促进高质量发展。2018年，全区地区生产总值达到1477.6亿元，比1959年增长了约191倍。公路总里程达到9.78万公里，其中高等级公路660公里；青藏铁路、拉日铁路建成通车，川藏铁路全面规划建设、拉林段进入铺轨阶段；建成通航机场5个，开通国内国际航线92条；满拉、旁多等一大批水利枢纽工程建成投入使用，青藏、川藏电力联网工程架起了电力"天路"；2018年接待游客3368.7万人次，实现收入490亿元。大力实施兴边富民行动，加快边境小康村建设，加大腹心地区群众向边境一线转移力度，提高边民补贴，守护神圣国土、建设幸福家园已成为各族群众的自觉行动。

社会持续和谐稳定。坚持把做好反分裂工作、维护国家安全作为核心任务，紧紧围绕维护祖国统一、加强民族团结这个着眼点和着力点，谋长久之策、行固本之举，确保了社会大局持续和谐稳定。全面准确贯彻党的宗教工作基本方针，依法管理宗教事务，积极引导宗教与社会主义社会相适应，各级党委政府依法管理意识明显增强。深入开展民族团结进步宣传教育和创建活动，大力推进树立中华民族视觉形象工作，铸牢中华民族共同体意识，中华文化始终是西藏各民族的情感依托、心灵归宿和精神家园，西藏各民族文化是中华文化不可分割的一部分的思想已经深深扎根在群众心中。

光辉的历程
——新中国成立70年的成就与启示

民生持续得到改善。践行以人民为中心的发展思想，牢牢把握改善民生、凝聚人心这个出发点和落脚点，坚持困难麻烦由政府解决、把方便实惠送给群众，把自治区掌握的资金90%以上向基层和民生领域倾斜，2018年城乡居民人均可支配收入分别达到33797元和11450元，分别是1965年的73倍和105倍，各族群众获得感幸福感安全感不断增强。扎实做好就业、教育、医疗、社保等工作，正确处理好高校毕业生政府就业和市场就业的关系，逐步形成了高校毕业生企业就业、公职岗位就业、区外就业、基层就业、自主创业"多位一体"的就业格局；义务教育"三包"政策全面落实，15年公费教育政策不断完善；教育医疗人才"组团式"援藏工作深入推进，人均预期寿命从35.5岁提高到70.6岁。坚持精准扶贫精准脱贫方略，聚力"两不愁三保障"，坚持五级书记抓攻坚，因县实施差异化政策，尽力而为、量力而行、节约为先，大力推进产业支撑、政策激励、就业优先、援藏扶助、社保兜底各项工作，全区55个县区47.8万人实现脱贫，贫困发生率降至6%以下，剩余的19个县区15万贫困人口有望今年全部脱贫摘帽。群众对生活现状的满意度超过97%，对全面建成小康社会的信心达到97.3%。

生态持续保持良好。坚持"绿水青山就是金山银山""冰天雪地也是金山银山"的理念，尊重自然、顺应自然、保护自然，严守生态红线底线，统筹山水林田湖草系统治理，大力实施水、大气、土壤污染防治行动，深入开展国土绿化和有条件的地方消除"无树户"行动，全区建立各类自然保护区47处、总面积41.22万平方公里、居全国首位，森林覆盖率达到12.14%，西藏特有植物物种得到有效保护，7市地环境空气质量平均优良率达95%以上，是世界上环境质量最好的地区之一。

党建持续全面加强。认真贯彻落实新时代党的建设总要求和组织路线，坚持"三个牢固树立"，严守党的政治纪律和政治规矩特别是反分裂斗争纪律，加强领导班子和干部队伍建设。以提升组织力为重点，突出政治功能，着力建设听党话、跟党走，善团结、会发展，能致富、保稳定，遇事不糊涂、关键时刻起作用的基层党组织。坚持思想认识到位、检视问题到位、调查研究到位、整改落实到位、组织领导到位,深入开展"不忘初心、牢记使命"主题教育,教育引导党员干部锤炼忠诚干净担当的政治品格。认真贯彻落实中央八项规定及其实施细则精神,坚决破除形式主义、官僚主义,推动全区干部作风持续好转,营造了雪域高原风清气正的政治生态。

西藏近 70 年来取得的成就,是党中央坚强领导的结果,是中央和国家机关部委、对口支援省市、中央企业和全国人民大力支持的结果,是历届自治区党委和政府带领全区各族干部群众团结奋斗的结果,充分彰显了社会主义制度的无比优越,体现了祖国大家庭的无比温暖,展现了党的治藏方略的无比正确。实践充分证明,只有坚定不移坚持中国共产党的领导,坚持走中国特色社会主义道路,坚持民族区域自治制度,坚决贯彻党的治藏方略和习近平总书记治边稳藏重要论述,西藏的明天才会更加光辉灿烂。

我们一定更加紧密团结在以习近平同志为核心的党中央周围,不忘初心、牢记使命,敢于担当、奋发作为,努力开创新时代长足发展和长治久安的新局面,谱写好中华民族伟大复兴中国梦的西藏篇章。

扫码观看
《中国一分钟·西藏篇》

(《人民日报》2019 年 08 月 02 日 09 版)

光辉的历程
——新中国成立70年的成就与启示

奋力开创壮美广西建设新局面

广西壮族自治区党委书记　鹿心社　广西壮族自治区人民政府主席　陈武

新中国成立70年来,在党中央的坚强领导下,广西各族人民团结奋斗、砥砺奋进,从贫困落后走向繁荣振兴,从偏远封闭走向开放前沿,从温饱不足走向全面小康。壮乡大地发生了翻天覆地的变化,谱写了祖国南疆繁荣稳定的壮美华章。

站在新起点、踏上新征程,广西各族人民将更加紧密地团结在以习近平同志为核心的党中央周围,以开展"不忘初心、牢记使命"主题教育为契机,守初心、持恒心、强信心,进一步解放思想、改革创新、扩大开放、担当实干,加快建设壮美广西、共圆复兴梦想。

沧桑巨变七十载,八桂大地换新颜。新中国成立70年来,在党中央的坚强领导下,广西各族人民团结奋斗、砥砺奋进,从贫困落后走向繁荣振兴,从偏远封闭走向开放前沿,从温饱不足走向全面小康,全区生产总值、财政收入、人均生产总值、外贸进出口总额分别由1950年的9.4亿元、0.67亿元、51元和428万美元提高到2018年的20352亿元、2790亿元、41498元和623亿美元,壮乡大地发生了翻天覆地的变化,谱写了祖国南疆繁荣稳定的壮美华章。

党的十八大以来,习近平总书记心系广西发展、情系广西人民,赋予广西"三大定位"新使命,提出"五个扎实"新要求,去年12月又为广西壮族自治区成立60周年题词,要求"建设壮美广西 共圆复兴梦想",为新时代广西发展指明了方向、提供了遵循。我们始终坚持以习近平新时代中国特色社会主义思想为指导，深入学习贯彻习近平总书记对广西工作的重要指示精神，把"建设壮美广西 共圆复兴梦想"作为新时代广西发展的总目标总要求，把落实"三大定位"新使命和"五个扎实"新要求作为广西改革发展的主线，加快推动开放发展、创新发展、绿色发展、高质量发展。

走活开放发展这一盘棋，广西发展潜力和后劲进一步释放。牢记习近平总书记"广西发展的潜力在开放，后劲也在开放，有条件在'一带一路'建设中发挥更大作用"的谆谆教诲，全面实施开放带动战略，主动融入"一带一路"建设，加快构建"南向、北联、东融、西合"全方位开放发展新格局。连续成功举办中国—东盟博览会、中国—东盟商务与投资峰会，加快推进中国—中南半岛经济走廊、中国—东盟港口城市合作网络、中国—东盟信息港等重大项目和重大标志性工程。中国和马来西亚"两国双园"开创了国际合作新模式，中国—东盟开放合作"南宁渠道"影响力越来越大。牢牢把握新时代中央大力推进西部大开发形成新格局的历史机遇，加快推进以广西北部湾港为陆海交汇门户的西部陆海新通道、面向东盟的金融开放门户、防城港国际医学开放试验区等新的重大平台建设，大力打造开放型经济体系，努力在"一带一路"和中国—东盟命运共同体建设中发挥更大作用。

打好精准脱贫这一硬仗，全区各族人民生活明显改善。认真落实习近平总书记"扎实推进民生建设和脱贫攻坚"的重要指示，精准实施扶持生产发展等"八个一批"，推进特色产业富民等"十大行动"，全区建档立卡贫困人口从2015年底的452万减少到2018年底的151万，贫困发生率从10.8%降至3.7%。认真抓好民生改善工作、民族团结进步事业，统筹推进边境地区和少数民族聚居区脱贫攻坚、维护稳定、民族团结等工作，各族群众生活水平显著提高。2018年城镇和农村居民人均可支配收入分别达到32436元和12435元，是1958年的175倍和210倍。

落实协调发展这一要求，沿海沿江沿边三大区域齐头并进。统筹推进沿海、沿江、沿边区域协调发展，构建"龙头带动、区带支撑、特色鲜明、协调发展"的区域经济新格局。充分释放"海"的潜力，建优建强北部湾经济区，2018年经济区经济总量占全区的48%，龙头带动作用不断增强。着力激发"江"的活力，全面对接粤港澳大湾区，提升做实珠江—西江经济带，2018年沿江7市经济总量达12166亿元，逐步成为全区经济发展新增长极。努力做足"边"的文章，深入实施兴边富民行动，加快打造沿边经济带，推动边境地区繁荣发展、和谐稳定、长治久安。

激活改革创新这一动力，经济发展的质量效益和竞争力明显提升。党的十八大以来，统筹推进1400多项重大改革措施，行政审批、商事制度、财税体制、降本减负、国资国企等一批重大改革取得突破性进展，农村金融改革"田东模式"成为全国先进典型，跨境人民币结算总量稳居西部省份前列。开展科技创新支撑产业高质量发展行动，发明专利授权量和拥有量增长率多年居全国前列，高新技术企业超过1800家，助推培育形成电子信息、汽车等10个千亿元工业产业。

发挥好生态环境这一优势，山清水秀生态美的金字招牌更加亮丽。牢记习近平总书记"广西生态优势金不换"的嘱托，扎实推进生态环境保护建设，打好污染防治攻坚战，2018年空气质量优良率91.6%，植被生态质量和植被生态改善程度居全国首位，森林覆盖率、生物多样性丰富度排全国前列。大力发展生态工业、生态农业、生态服务业，2012年至2018年万元GDP能耗累计下降24.1%，打造国家级循环经济品牌30多个，生态环境优势加快转化为发展优势。

抓好党的建设这一根本保障，推动全面从严治党取得更大战略性成果。坚持党要管党、全面从严治党，统筹推进各领域党建工作，打造基层党组织"星级化"管理、党员积分管理等特色工作品牌，涌现出时代楷模黄文秀等一批先进典型。坚持正确选人用人导向，打造忠诚干净担当、堪当建设壮美广西重任的高素质干部队伍。深入贯彻党章党规党纪，严格落实中央八项规定精神，大力整治"四风"及其新表现，严惩群众身边腐败和作风问题，保持反腐败斗争高压态势，营造风清气正的政治生态，为建设壮美广西提供坚强保证。

站在新起点、踏上新征程，我们将更加紧密地团结在以习近平同志为核心的党中央周围，以开展"不忘初心、牢记使命"主题教育为契机，守初心、持恒心、强信心，进一步解放思想、改革创新、扩大开放、担当实干，加快建设壮美广西、共圆复兴梦想。

我们将坚定不移守初心，坚持以习近平新时代中国特色社会主义思想武装头脑、指导实践、推动工作，始终坚守为人民谋幸福、为民族谋复兴的初心使命，进一步增强"四个意识"、坚定"四个自信"、做到"两个维护"，把党中央各项决策部署落到实处，确保富民兴桂事业发展的正确政治方向。

我们将坚定不移持恒心，坚持以新发展理念推动高质量发展，聚焦落实"三大定位"新使命和"五个扎实"新要求，大力推进思想再解放、改革再深入、开放再扩大、创新再提速，持之以恒、久久为功，把习近平总书记为广西擘画的宏伟蓝图变为生动现实。

我们将坚定不移强信心，坚持以党的建设新的伟大工程凝心聚力，教育引导全区各级党组织和广大党员干部传承百色起义精神等红色基因，自觉践行"担当为要、实干为本、发展为重、奋斗为荣"理念，充分发挥基层党组织战斗堡垒作用和党员先锋模范作用，积极展现新时代新担当新作为，加快建设繁荣富裕、开放创新、团结和谐、美丽幸福的壮美广西，为实现"两个一百年"奋斗目标和中华民族伟大复兴的中国梦贡献广西力量。

扫码观看
《中国一分钟·广西篇》

（《人民日报》2019年08月05日09版）

光辉的历程
——新中国成立70年的成就与启示

守望相助 建设祖国北疆亮丽风景线

内蒙古自治区党委书记　李纪恒　内蒙古自治区人民政府主席　布小林

新中国成立70年来,在党中央的坚强领导下,内蒙古各项事业发展取得巨大成就。党的十八大以来,习近平总书记高度重视内蒙古工作,对内蒙古工作作出一系列重要指示批示。全区上下牢记嘱托、感恩奋进,统筹推进"五位一体"总体布局,协调推进"四个全面"战略布局,各项事业发展取得历史性成就、发生历史性变革。

我们将大力弘扬蒙古马精神,守望相助、团结奋斗,把祖国北部边疆这道风景线打造得更加亮丽。

内蒙古是我国最早成立民族自治区的地方,是党的民族区域自治制度最早付诸实施的地方。新中国成立70年来,在党中央的坚强领导下,内蒙古各项事业发展取得巨大成就。党的十八大以来,习近平总书记高度重视内蒙古工作,多次到内蒙古考察指导工作,先后两次参加全国两会内蒙古代表团审议,对内蒙古工作作出一系列重要指示批示,为新时代内蒙古改革发展把脉定向、擘画蓝图。全区上下牢记嘱托、感恩奋进,统筹推进"五位一体"总体布局,协调推进"四个全面"战略布局,各项事业发展取得历史性成就、发生历史性变革。

沧桑巨变成就辉煌

回顾70年，内蒙古在占全国陆域面积近1/8的大地上，描绘出从落后走向进步、从贫穷走向小康的发展轨迹。

经济发展翻天覆地。2018年经济总量和人均生产总值分别达到1.7万亿元和6.8万元，一般公共预算收入达到1857.5亿元，由70年前的一穷二白，发展为经济总量居全国第二十一位、人均生产总值居全国第九位。内蒙古成为我国重要的绿色农畜产品生产加工输出基地、国家重要能源和战略资源基地，外送煤炭和电力居全国首位，乳肉绒粮、煤电油气、稀土石墨等都在全国占有重要地位。

城乡旧貌换了新颜。一座座现代化城市拔地而起，常住人口城镇化率由12.4%提高到62.7%。城市建成区绿地率平均达35.3%、供水普及率达98.5%，农村牧区自来水普及率超过70%，输电网络和分布式电源基本覆盖偏远地区。全区铁路营运里程超过1.2万公里，公路通车里程超过20万公里，民航机场达到30个，99.6%的建制嘎查村通了公路。

人民生活蒸蒸日上。城乡居民人均可支配收入达到28376元，全区居民恩格尔系数下降到27.1%。全力推进脱贫攻坚，2013年以来累计减贫141.76万人，贫困发生率由11.7%下降到1.06%。近年来，全区七成左右财力用于民生建设，基本公共服务体系覆盖城乡，教育、医疗、文化、体育、社会保障等事业长足进步。

生态环境持续向好。大力推进"三北"防护林、京津风沙源治理、退耕还林还草等生态工程，库布其沙漠治理模式成为典范。森林覆盖率和草原植被盖度实现"双提高"，荒漠化和沙化土地面积实现"双减少"，我国北方重要的生态安全屏障更加牢固。

民族团结向阳花开。坚持和完善民族区域自治制度，创新和丰富民族工作实践，各族人民心向党，建设好各民族共有精神家园，"红色文艺轻骑兵"乌兰牧骑演人民生活、为人民服务，社会主义核心价值观教育和民族团结进步教育贯穿国民教育全过程，民族团结之花常开长盛，"三个离不开""五个认同"深深扎根于各族人民心中。

历史经验弥足珍贵

回顾70年，内蒙古的成功实践，向世人展现了寓意深远的时代启示。

必须坚持中国共产党的领导。70年来内蒙古的发展历程充分证明，没有党中央的坚强领导，就没有内蒙古今天的繁荣发展。只有坚持党的领导，才有方向有底气有力量把内蒙古的事情办得更好。

必须坚持和完善民族区域自治制度。70年来内蒙古的发展历程充分证明，只有坚持和完善民族区域自治制度，才能更好地坚持统一和自治相结合、民族因素和区域因素相结合，实现各民族共同团结奋斗、共同繁荣发展。

必须坚持发展第一要务。70年来内蒙古的发展历程充分证明，经济快速发展、民生不断改善，不仅巩固了自治区民族团结进步的物质基础，而且增强了各民族作为中华民族大家庭成员的自豪感。只有始终把发展第一要务抓好，扎实推动经济高质量发展，才能不断满足各族人民日益增长的美好生活需要，充分体现社会主义制度优越性和党的民族区域自治制度正确性。

必须坚持以人民为中心。70年来内蒙古的发展历程充分证明，人民群众是历史的创造者和改革开放事业的实践主体，发展必须依靠人民、为了人民。只有积极践行以人民为中心的发展思想，才能充分调动各族人民的主动性、积极性、创造性，共建共享美好生活。

必须坚持改革开放。70年来内蒙古的发展历程充分证明，改革开放是建设现代化内蒙古的必由之路。只有以更加坚定的决心和勇气全面深化改革，以更加宽广的视野和胸襟全方位扩大对内对外开放，才能不断增强经济社会发展的动力活力。

光明前景催人奋进

按照习近平总书记亲自擘画的蓝图，新时代内蒙古改革开放和现代化建设事业必将不断开拓新天地、迈上新台阶。

今年7月15日至16日，习近平总书记亲临内蒙古考察调研，实地指导开展"不忘初心、牢记使命"主题教育，并发表重要讲话，为做好新时代内蒙古工作提供了根本遵循。我们要把学习领会习近平总书记考察内蒙古重要讲话精神与学习领会习近平新时代中国特色社会主义思想和党的十九大精神贯通起来，在学懂弄通做实上下功夫，进一步增强"四个意识"、坚定"四个自信"、做到"两个维护"，坚定自觉地同以习近平同志为核心的党中央保持高度一致，全力推动总书记的殷殷嘱托在内蒙古化为生动实践、变成美好现实。

我们要深刻领会习近平总书记关于推动经济高质量发展的重要指示，坚决贯彻新发展理念，巩固"三去一降一补"成果，增强微观主体活力，提升产业链水平，畅通经济循环，推动农牧业高质量发展，促进城乡区域协调发展，着力把结构调过来、动能转过来、质量提上来。

我们要深刻领会习近平总书记关于坚持生态优先、绿色发展，筑牢我国北方重要生态安全屏障的重要指示，在集中集聚集约上找出路，在高质量发展中推进高水平保护，在高水平保护中促进高质量发展，守护好内蒙古这片碧绿、这方蔚蓝、这份纯净。

我们要深刻领会习近平总书记关于切实保障和改善民生、保持社会大局稳定的重要指示，抓重点、补短板、强弱项，全力打赢脱贫攻坚战，统筹做好就业增收、文化教育、医疗卫生、社会保障等方面工作；有效防范化解各类风险，深入开展扫黑除恶专项斗争，切实筑牢祖国北疆安全稳定屏障；深化民族团结进步教育，教育引导各族人民共同守卫祖国边疆、共同创造美好生活，在新时代继续保持模范自治区的崇高荣誉。

我们一定更加紧密地团结在以习近平同志为核心的党中央周围，在习近平新时代中国特色社会主义思想指引下,大力弘扬蒙古马精神,守望相助、团结奋斗,把祖国北部边疆这道风景线打造得更加亮丽。

扫码观看
《中国一分钟·内蒙古篇》

(《人民日报》2019年08月06日09版)

践行"五个扎实"奋力追赶超越

中共陕西省委书记 胡和平　　陕西省人民政府省长 刘国中

新中国成立70年来,在党中央的坚强领导下,勤劳质朴的陕西人民锐意进取、奋勇拼搏,战胜种种风险挑战,取得一个又一个胜利,三秦大地呈现出欣欣向荣的景象。

走过70年的奋斗历程,我们深切感受到,坚持和完善党的领导,是党和国家的根本所在、命脉所在,是人民群众的利益所在、幸福所在。我们一定紧密团结在以习近平同志为核心的党中央周围,不忘初心、牢记使命,担当作为、拼搏奋斗,决胜全面建成小康社会,奋力谱写新时代陕西追赶超越新篇章。

新中国成立70年来,在党中央的坚强领导下,勤劳质朴的陕西人民锐意进取、奋勇拼搏,战胜种种风险挑战,取得一个又一个胜利,三秦大地呈现出欣欣向荣的景象。

党的十八大以来,陕西全省上下深入学习贯彻习近平新时代中国特色社会主义思想,扎扎实实办好陕西的事情,经济社会发展取得辉煌成就。全省经济总量由新中国成立之初不足13亿元增长到2.44万亿元,财政收入由不到1亿元增长到2243亿元,城镇居民人均可支配收入增长到33319元,农民人均可支配收入增长到11213元,即将实现全面建成小康社会的历史性跨越。这里已经成为一片发展热土,是全国重要的装备制造业基地、高新技术产业基地、国防科技工业基地,2018年新登记市场主体90.5万户、增幅居全国第一。这里已经成为我国向西开放前沿，作为古丝绸之路起点的陕西再次成为我国通向中亚、中东和欧洲的重要门户，与 180 多个国家和地区保持着经贸往来，丝绸之路国际博览会、欧亚经济论坛等国际展会规模日益扩大，人流、物流、资金流、信息流的聚集辐射给陕西带来巨大生机活力。这里已经成为国家能源化工基地，是煤炭、石油、天然气开采大省，煤制烯烃、煤油气综合利用等一批全球首套装置先后投运，煤间接液化等一批世界先进技术加快产业化。这里已经成为科技创新基地，综合科技进步水平居全国第九、西部第一，航空航天、3D 打印、5G 移动通信等技术保持世界先进水平，国家科学技术奖获奖数量、技术合同交易额位居全国前列。

习近平总书记非常关心陕西工作，多次作出重要指示批示，2015 年 2 月来陕视察时提出追赶超越定位和"五个扎实"要求，为陕西发展指明了根本路径，给全省干部群众以巨大鼓舞。陕西全面落实习近平总书记来陕视察重要讲话和对陕西重要指示批示，按照"五个扎实"要求，低调务实不张扬，埋头苦干，各项工作取得长足进步，新时代追赶超越呈现新气象新作为。

扎实推动经济持续健康发展。加快产业优化升级，航空航天、装备制造、电子信息等产业集群不断壮大，战略性新兴产业保持两位数增长，第三产业占比提高到 47.2%。深入实施创新驱动发展战略，促进军民融合、部省融合、央地融合，各类创新平台纷纷落地，军民融合产业规模居全国前列，科技进步贡献率提高到 58.3%。着力推进区域协调发展，西安国家中心城市建设有序推进，关中创新驱动发展、陕北转型持续发展、陕南绿色循环发展成效明显，三大区域各有特色、互为支撑的格局逐步形成。大力发展枢纽经济、门户经济、流动经济，陕西自贸试验区和杨凌上合组织农业技术交流培训示范基地加快建设，西安咸阳国际机场旅客吞吐量居全国十大机场第七，近年来中欧班列"长安号"重载率、货运量、实载开行量居全国前列，陕西与"一带一路"参与国家和地区进出口贸易超过千亿元。

扎实推进特色现代农业建设。着力构建现代农业产业体系、生产体系和经营体系，粮食生产连年丰收，果业、畜牧业、设施农业及区域特色产业的"3+X"特色现代农业产业蓬勃发展，羊奶粉全国市场占有率达85%。坚决打好精准脱贫攻坚战，贫困发生率从2015年底的9.02%下降到3.18%，去年延安整体脱贫，今年贫困县将全部摘帽，明年全省人民将告别贫困。加快美丽陕西建设，推进蓝天、碧水、净土、青山保卫战，绿色版图向北推进400多公里，提供了南水北调中线工程70%水量的汉丹江水质优良，秦岭这一我国重要生态安全屏障保护持续加强。

扎实加强文化建设。培育践行社会主义核心价值观，从交大等单位西迁中汲取爱国养分，从三秦楷模改革创新的奋斗中感受时代精神，三秦大地主旋律更加高昂，正能量更加强劲。注重发掘和利用历史文化，黄帝陵、兵马俑、延安宝塔、秦岭、华山等众多中华文明、中国革命、中华地理的精神标识和自然标识吸引了世界目光，丝绸之路国际艺术节、旅游博览会、国际电影节等影响广泛，历史与现代融合的陕西成为重要的国际旅游目的地，去年接待境内外游客6.3亿人次。大力发展文化事业和文化产业，做亮"文学陕军""长安画派""陕西戏剧"品牌，推出话剧《柳青》等一批文艺精品力作，文化产业正在加快成长为支柱产业。

扎实做好保障和改善民生工作。持续抓好就业增收，开展稳就业精准帮扶行动，居民收入增速跑赢GDP，城镇登记失业率保持在较低水平。优先发展教育事业，城乡义务教育一体化扎实推进，3所高校进入国家一流大学建设行列，5所高校入围国家一流学科建设。着力完善社会保障，城乡居民基本养老保险覆盖率99.38%，基本医疗保险覆盖3240万人，群众基本生活有效保障。加强和创新社会治理，守住食品安全、生产安全底线，严厉打击黑恶势力等犯罪，社会治安满意率达到94.22%。

扎实落实全面从严治党。深入学习贯彻习近平新时代中国特色社会主义思想，坚持抓首要、大学习、促发展，在深学细学、宣传宣讲、聚焦聚力、入心入脑、真懂真用、落地落实等六个方面下功夫，党的创新理论深入人心。坚持把党的政治建设摆在首位，认真开展"不忘初心、牢记使命"主题教育，结合实际推进"讲政治、敢担当、改作风"专题教育常态化长效化，各级领导干部增强"四个意识"，坚定"四个自信"，做到"两个维护"。加强基层党组织建设，持续整顿软弱涣散村党组织，加大第一书记选派力度，提高村党组织负责人和村委会主任"一肩挑"比例，基层组织战斗力持续增强。打造高素质专业化干部队伍，突出政治过硬、纪律严明、本领高强，出台鼓励激励、容错纠错、能上能下"三项机制"，敢于担当、奋勇争先的风气成为主流。持之以恒正风肃纪反腐，坚决纠正"四风"特别是形式主义、官僚主义，开展违规收送礼金问题等专项整治，巩固和发展反腐败斗争压倒性胜利态势，努力营造风清气正的政治生态。

走过70年的奋斗历程，我们深切感受到，坚持和完善党的领导，是党和国家的根本所在、命脉所在，是人民群众的利益所在、幸福所在。践行"五个扎实"要求、奋力追赶超越的实践使我们更加坚信，有习近平总书记掌舵领航，有习近平新时代中国特色社会主义思想科学指引，我们的事业就能无往而不胜。

我们一定紧密团结在以习近平同志为核心的党中央周围，不忘初心、牢记使命，担当作为、拼搏奋斗，决胜全面建成小康社会，奋力谱写新时代陕西追赶超越新篇章。

扫码观看
《中国一分钟·陕西篇》

(《人民日报》2019年08月07日09版)

不断开创富民兴陇新局面

中共甘肃省委书记　林铎　　甘肃省人民政府省长　唐仁健

70年来,甘肃综合经济实力显著提升,基础设施和生态环境显著改善,群众生产生活条件显著变化,充分体现了中国共产党领导和中国特色社会主义制度的巨大优越性,更加坚定了全省人民紧密团结在以习近平同志为核心的党中央周围、沿着中国特色社会主义道路砥砺前行的决心和信心。

我们将坚定不移沿着习近平总书记指引的方向前进,确保在经济发展迈上新台阶、改革开放构建新格局、生态建设取得新进展、城市乡村呈现新面貌、人民群众过上新生活上见到更大成效,努力把建设幸福美好新甘肃、开创富民兴陇新局面的美好蓝图变成现实。

新中国成立70年来,在党中央的坚强领导下,甘肃广大干部群众以"人一之我十之、人十之我百之"的精神和毅力,用勤劳双手谱写了社会主义建设光辉篇章,陇原大地发生翻天覆地的变化。

党的十八大以来,中国特色社会主义进入新时代,甘肃发展也站上新起点、开启新征程。我们以习近平新时代中国特色社会主义思想为指导,深入贯彻党中央重大决策部署,全面落实习近平总书记对甘肃重要讲话和指示精神,紧紧围绕加快建设幸福美好新甘肃、不断开创富民兴陇新局面奋斗目标,负重自强、顽强拼搏,全省呈现出经济平稳运行、改革有序推进、开放不断扩大、民生持续改善、社会和谐稳定、党风政风好转的良好局面。

转变方式促发展,经济综合实力显著增强。去年,全省生产总值达8246.1亿元,较新中国成立之初增长600多倍。近年来,我们致力转方式、调结构,坚定不移推动高质量发展,深入推进供给侧结构性改革,传统特色优势产业焕发生机,战略性新兴产业蓬勃发展,经济保持动能加速转换、后劲不断积聚的发展势头。加快构建生态产业体系,清洁能源、循环农业、文化旅游等十大生态产业势头强劲,去年完成增加值1511.3亿元,占生产总值比重达18.3%。探索具有"现代"方向引领、"丝路"特色定位、"寒旱"内在特质的新时代农业发展路子,建成戈壁生态农业17万亩。大力实施创新驱动发展战略,综合科技进步水平上升到全国第十八位,科技同经济融合度大幅提升。

集中精力抓扶贫,脱贫攻坚迈出坚实步伐。坚持把打赢脱贫攻坚战作为首要政治任务和底线任务,认真贯彻习近平总书记关于扶贫工作的重要论述,坚持精准扶贫精准脱贫方略,把牢脱贫目标和标准,结合实施乡村振兴战略,逐村逐户逐人逐项推进,倾斜支持深度贫困地区和特殊困难群体,使脱贫攻坚取得决定性进展。全省贫困人口由2012年底的692万降到去年底的111万,贫困发生率由33.2%降到5.6%,75个贫困县中36个实现脱贫摘帽,7262个贫困村中3476个退出贫困序列。构建完善生产组织、投入保障、产销对接、风险防范产业扶贫体系,发展壮大"牛羊菜果薯药"六大特色产业,建档立卡贫困人口人均收入去年达到5390元,为如期实现全面小康目标打下坚实基础。

深化改革增活力,体制机制障碍加快破解。党中央各项改革部署在甘肃大地落地生根,特别是近年来各领域改革全面推进和深化。省市县党政机构改革总体完成,构建了运行顺畅、充满活力的工作体系。"放管服"改革加快实施,政务服务事项80%以上实现在线办理、1644项实现"最多跑一次"。国企战略性重组取得突破,科技投资集团等10家集团公司挂牌运营。农村综合改革逐步深入，114万户农户参与"三变"改革，农村发展动力有效增强。

抢抓机遇拓空间，扩大开放构建新的格局。抓住"一带一路"建设重大机遇，深度融入国际陆海贸易新通道，举办丝绸之路（敦煌）国际文化博览会，努力抢占文化、枢纽、技术、信息、生态"五个制高点"，在继续巩固提升"东连"的基础上，致力做好"南向""西进""北拓"三篇文章，基本构建起陆路海路贯通联动、文化经贸相互促进的开放新格局。去年，进出口总额达394.7亿元，比1978年增长660多倍，与丝路沿线贸易额占进出口总额的43.8%。支持企业"走出去"发展，同16个国家开展了实质性产能合作。

破解瓶颈补短板，基础设施条件日益完善。过去甘肃面临的基础设施制约非常突出。近年来在国家的大力支持下，基础设施条件已今非昔比。建成四通八达的立体交通网络，高速公路里程达4242公里，高速铁路里程达1153公里，通航机场已达10个。形成以供水、灌溉、防洪、发电、生态保护为主的水利工程体系。在习近平总书记亲切关怀下，引洮工程一期投入运行，圆了甘肃人民期盼半个多世纪的梦想。

扛好责任筑屏障，生态文明底色更加鲜亮。70年来，全省共完成造林1.56亿亩、天保工程3.15亿亩，有效发挥了国家西部生态安全屏障功能，涌现出以古浪县八步沙"六老汉"三代人时代楷模为代表的一批先进典型。这两年，我们深入贯彻习近平总书记建设"经济发展、山川秀美、民族团结、社会和谐的幸福美好新甘肃"重要指示，牢固树立"绿水青山就是金山银山"理念，坚持走生态优先、绿色发展之路，打好污染防治攻坚战，整治祁连山等生态破坏问题，实施重点生态工程，推动生态环境持续好转，大气、水、土壤得到有效保护。开展全域无垃圾专项治理和农村人居环境整治，创建乡村旅游示范村100个，建成"美丽乡村"示范村900个，人民群众享受到了更美好的环境。

用情用心保民生，城乡居民生活大幅改善。坚持以人民为中心的发展思想，以就业、教育、医疗、住房、养老、社保等为重点，实施重大民生工程，民生支出占财政总支出比例每年都在80%左右，群众生活条件和收入水平明显提高，去年城乡居民人均可支配收入分别达到29957元和8804元。突出群众关切，完善政策措施，"大班额""择校热"有效缓解，分级诊疗等医疗服务增进了民生福祉。加强平安甘肃建设，开展扫黑除恶专项斗争，群众有了更多的获得感、幸福感和安全感。

管党治党强保证，政治生态得到持续净化。认真履行全面从严治党政治责任，以党的政治建设为统领，严明党的政治纪律和政治规矩，增强"四个意识"、坚定"四个自信"、做到"两个维护"，确保党中央决策部署落地生根。开展专项整治行动和作风建设年活动，出台为基层减负措施，严肃治理形式主义、官僚主义。树立正确选人用人导向，完善正向激励机制，保持反腐败高压态势，引导党员干部做到忠诚干净担当，以求真务实作风干事创业。

70年来，甘肃综合经济实力的显著提升，基础设施和生态环境的显著改善，群众生产生活条件的显著变化，充分体现了中国共产党领导和中国特色社会主义制度的巨大优越性，更加坚定了全省人民紧密团结在以习近平同志为核心的党中央周围、沿着中国特色社会主义道路砥砺前行的决心和信心。

甘肃未来发展前景光明而美好。今年全国两会期间，习近平总书记到甘肃代表团参加审议并发表重要讲话，作出"不断开创富民兴陇新局面"的重要指示，为我们提供了思想指引、行动指南和强大精神力量。我们将坚定不移沿着习近平总书记指引的方向前进，深入开展"不忘初心、牢记使命"主题教育，始终以强烈的政治责任感、历史使命感和现实紧迫感做好甘肃工作，确保在经济发展迈上新台阶、改革开放构建新格局、生态建设取得新进展、城市乡村呈现新面貌、人民群众过上新生活上见到更大成效,努力把建设幸福美好新甘肃、开创富民兴陇新局面的美好蓝图变成现实。

扫码观看
《中国一分钟·甘肃篇》

(《人民日报》2019年08月08日09版)

光辉的历程
——新中国成立70年的成就与启示

以扎扎实实的作风建设新青海

中共青海省委书记　王建军　　青海省人民政府省长　刘宁

新中国成立70年来，在党中央坚强领导下，青海始终与祖国共命运、与时代同发展，经济和社会发展取得了巨大进步，高原大地发生了翻天覆地的变化，充分彰显了中国共产党领导的政治优势和中国特色社会主义制度的巨大优越性。

站上新起点，我们将更加紧密地团结在以习近平同志为核心的党中央周围，坚持以习近平新时代中国特色社会主义思想为指导，聚焦"四个扎扎实实"的指示要求、"三个最大"战略定位和建设"富裕文明和谐美丽新青海"的奋斗目标，不忘初心、牢记使命，苦干实干、砥砺前行，确保与全国同步全面建成小康社会，进而开启现代化建设新征程，向党和人民交上一份不负时代的满意答卷。

新中国成立70年来，在党中央坚强领导下，青海始终与祖国共命运、与时代同发展，经济和社会发展取得了巨大进步。人均生产总值从1949年的83元增加到2018年的4.77万元，城乡居民收入分别比1978年增长158倍和91倍。国民受教育程度和身体素质极大提升，义务教育巩固率达到96.8%，人均预期寿命提高到71.8岁。生态环境持续改善，森林覆盖率从不到1%提高到7.26%，涵盖水面、湿地、林草的蓝绿空间占比超过70%。交通和生活日益便利，以机场、高铁、高速公路为骨架的立体交通网络基本形成，广大农牧民告别逐水草而居，陆续住进砖瓦房、喝上放心水、走上小康路。经济增长由生产要素驱动向要素与效率共同驱动、效率与创新联合发力转变，高原大地发生了翻天覆地的变化。

党的十八大以来，以习近平同志为核心的党中央对青海工作高度重视。2016年3月，习近平总书记参加十二届全国人大四次会议青海代表团审议时，嘱托要"保护好三江源，保护好'中华水塔'"。同年8月，习近平总书记亲临青海视察并发表重要讲话，提出了"扎扎实实推进经济持续健康发展，扎扎实实推进生态环境保护，扎扎实实保障和改善民生，扎扎实实加强规范党内政治生活"的指示要求，作出了"青海最大的价值在生态、最大的责任在生态、最大的潜力也在生态"的战略定位，为青海发展指明了前进方向，提供了根本遵循。

全省上下坚持以习近平新时代中国特色社会主义思想为指导，深入学习贯彻习近平总书记视察青海重要讲话精神，牢记习近平总书记嘱托和期望，统筹推进"五位一体"总体布局，协调推进"四个全面"战略布局，牢固树立和贯彻落实新发展理念，大力弘扬扎扎实实的工作作风，持续打好三大攻坚战，全力做好稳增长、促改革、调结构、惠民生、防风险、保稳定各项工作，谋划实施"坚持生态保护优先、推动高质量发展、创造高品质生活"的"一优两高"战略部署，努力实现经济繁荣、民族团结、环境优美、人民富裕，在与全国同步全面建成小康社会的道路上阔步向前。

不断夯实经济社会可持续发展的物质基础。按照"扎扎实实推进经济持续健康发展"的要求，全面把握稳中求进工作总基调，对标高质量发展要求，贯彻落实党中央"巩固、增强、提升、畅通"八字方针，着力打好盐湖资源综合开发利用、清洁能源发展、特色农牧业发展、文化旅游产业发展"四张牌"，扎实推进清洁能源示范省和绿色有机农畜产品示范省建设。盐湖提锂技术国内领先，建成碳酸锂产能3.8万吨、在建产能9万吨。清洁能源装机容量占全省总装机容量的86%，新能源装机超过水电装机，太阳能发电量居全国首位。大力实施乡村振兴战略，组建枸杞、牦牛等产业联盟，扎实开展化肥、农药减量化直至零使用行动。文旅产业蓬勃发展，旅游人次和旅游收入连续4年保持20%以上的增幅。多措并举防范化解重大风险，坚决守住了不发生系统性区域性风险的底线。

坚决扛起生态文明建设的责任。按照"扎扎实实推进生态环境保护"的要求，坚守"生态环境质量只能变好，不能变坏"的底线，牢固树立"不抓生态就是失职、抓不好生态就是不称职"的理念，在全国率先启动国家公园示范省建设，统筹推进三江源、祁连山国家公园体制试点，大规模推动国土绿化，精心组织实施三江源二期、祁连山区山水林田湖草一体化等一大批重点生态工程，湿地面积跃居全国首位，江河源头重现千湖美景，西宁南北山披上绿装，湟水河治理初见成效，人居环境大为改善，空气质量持续好转，国家生态安全屏障日益巩固，确保了"一江清水向东流"。

努力实现人民生活幸福与社会和谐稳定。按照"扎扎实实保障和改善民生"的要求，始终把人民放在心中最高位置，倾力关注民生事业。注重扶贫同扶志、扶智相结合，"富口袋"与"富脑袋"并举，制定并实施"1+8+10"扶贫政策体系，农牧民群众的生活习俗、思想观念和行为方式发生积极改变，贫困发生率下降到去年底的2.5%。每年集中75%以上的财力用于民生事业发展，扩大就业创业，抓好教育工作，提高社保水平，加大住房保障，各族群众的获得感、幸福感、安全感不断提升。推进美丽城镇和高原美丽乡村建设，启动城市垃圾强制分类，农牧区人居环境整治、"厕所革命"深入开展。加强和创新社会治理，社会秩序安定有序。深入开展民族团结进步先进区创建活动，全省2/3的市州和近一半的县（区）已经建成全国民族团结进步示范市州和县（区），平等团结互助和谐的社会主义民族关系不断巩固发展。

全面贯彻新时代党的建设总要求。按照"扎扎实实加强规范党内政治生活"的要求，坚定不移坚持党对一切工作的领导，统筹抓好党的各项建设，切实增强"四个意识"，坚定"四个自信"，做到"两个维护"，始终在思想上政治上行动上同以习近平同志为核心的党中央保持高度一致，确保习近平总书记为青海描绘的美好蓝图落地生根、开花结果。以深入开展"不忘初心、牢记使命"主题教育为契机,着力在学习教育、调查研究、检视问题、整改落实上下功夫、见实效,不断锤炼强烈的自我革命精神和刀刃向内的顽强意志。严明政治纪律和政治规矩,力戒形式主义和官僚主义,切实加强基层党组织建设,激励广大干部广大党员真抓实干、转变作风,立足岗位、履职尽责,各级党组织的凝聚力、战斗力和执行力全面提升。

青海70年的辉煌成就,充分彰显了中国共产党领导的政治优势和中国特色社会主义制度的巨大优越性。站上新起点,我们将更加紧密地团结在以习近平同志为核心的党中央周围,坚持以习近平新时代中国特色社会主义思想为指导,聚焦"四个扎扎实实"的指示要求、"三个最大"战略定位和建设"富裕文明和谐美丽新青海"的奋斗目标,不忘初心、牢记使命,苦干实干、砥砺前行,坚决打赢三大攻坚战,奋力推进"一优两高",着力推动绿色发展,确保与全国同步全面建成小康社会,进而开启现代化建设新征程,向党和人民交上一份不负时代的满意答卷。

扫码观看
《中国一分钟·青海篇》

(《人民日报》2019年08月09日09版)

光辉的历程
  ——新中国成立70年的成就与启示

振奋精神　实干兴宁

宁夏回族自治区党委书记　石泰峰　宁夏回族自治区人民政府主席　咸辉

新中国成立70年来，在党中央的坚强领导下，宁夏各族人民认真贯彻党的民族政策，坚持民族区域自治制度，共同团结奋斗、共同繁荣发展，把封闭落后、一穷二白、民族隔阂的旧宁夏建成了开放进步、美丽富饶、团结和谐的新宁夏。

我们将响应习近平总书记考察宁夏时发出的"社会主义是干出来的"伟大号召，不忘初心、牢记使命，振奋精神、实干兴宁，走好新时代的长征路，奋力谱写建设美丽新宁夏、共圆伟大中国梦的壮丽篇章，以优异成绩庆祝新中国成立70周年。

新中国成立70年来，在党中央的坚强领导下，宁夏各族人民认真贯彻党的民族政策，坚持民族区域自治制度，共同团结奋斗、共同繁荣发展，把封闭落后、一穷二白、民族隔阂的旧宁夏建成了开放进步、美丽富饶、团结和谐的新宁夏。2018年，全区经济总量比1958年增长1129倍，地方财政收入增长769倍；城乡居民收入比1978年分别增长91倍和100倍。尤其是党的十八大以来，习近平总书记为宁夏改革发展把航定向、擘画蓝图，2016年7月考察宁夏时习近平总书记提出"努力实现经济繁荣、民族团结、环境优美、人民富裕，确保与全国同步建成全面小康社会"的目标，去年自治区成立60周年时题写了"建设美丽新宁夏 共圆伟大中国梦"的贺匾，为宁夏发展指明前进方向、提供根本遵循。我们牢记习近平总书记的殷殷嘱托，坚持以习近平新时代中国特色社会主义思想为指导，把习近平总书记考察宁夏时的重要讲话作为统领全区各项工作的主题主线，统筹做好改革发展稳定各项工作，振奋精神、实干兴宁，推动经济社会各项事业发展迈上了新台阶。

坚持以新发展理念为引领，推动高质量发展迈出新步伐。牢固树立新发展理念，对标推动高质量发展的要求，加快经济发展质量变革、效率变革、动力变革，经济发展保持中高速增长的同时，质量和效益不断提升。深化供给侧结构性改革，大力推进"三去一降一补"，近3年降低实体经济成本225亿元，化解过剩落后产能1580万吨，将全区33个工业园区整合优化为22个，清理整治"散乱污"企业1360家。加快产业转型升级，实施产业转型"四大工程"，狠抓高质量项目建设，通过新技术、智能化改造提升传统产业，加快培育现代煤化工、智能制造、新能源、新材料、全域旅游等新兴产业，一些产业实现转型升级。实施创新驱动战略，以沿黄科技创新改革试验区建设为载体，出台"创新驱动30条"，与东部科技强省开展"科技支宁"东西部合作，启动实施产业重大攻关、科技型企业培育等行动，培育各类创新企业1176家，国家高新技术企业增加到152家。推进新型城镇化建设，加快银川都市圈建设，实施乡村振兴战略，全区常住人口城镇化率达到58.9%，位居西北第一。深入推进改革开放，在行政审批、国资国企、财税金融、生态文明、农业农村等重点领域推出改革任务60多项，"不见面、马上办"政务服务事项网上可办率达到80.4%。抢抓"一带一路"建设机遇，成功举办三届中阿博览会，对外开放水平进一步提高。

坚持以人民为中心的发展思想，人民群众的生活水平有了新提升。积极顺应人民群众对美好生活的新需要，去年将76%的财力用于保障和改善民生，大力实施脱贫富民战略，深入推进社会治理创新，人民群众享受到了更多改革发展成果。坚持把打赢脱贫攻坚战作为民生工作的重中之重，紧盯"两不愁三保障"目标，在精准稳定可持续上下功夫，集中优势兵力攻坚深度贫困问题,用好闽宁对口扶贫协作机制,近3年累计减贫30.8万人,贫困发生率下降到3%。大力实施富民工程,千方百计拓宽城乡居民增收渠道,城乡居民收入增速高于经济增速;统筹解决涉及群众切身利益的就业、教育、医疗、社保、养老等热点难点问题,率先在全国创建"互联网+教育""互联网+医疗健康"两个示范省区。开展集中解决群众反映强烈的突出问题活动,深入推进扫黑除恶专项斗争,全区社会大局安定有序、人民群众安居乐业,公众安全感连续多年位居全国前列。

坚持走中国特色解决民族问题正确道路,推动形成了民族团结的新局面。1958年宁夏回族自治区成立,这是我们党坚持走中国特色解决民族问题正确道路的伟大实践。这些年来,我们坚持民族区域自治制度,坚定不移贯彻党的民族政策和宗教工作基本方针,加强马克思主义民族观宗教观教育,着力打造全国民族团结进步示范区。大力推进民族团结进步事业,持续开展民族团结进步创建活动,推动建立相互嵌入式的社会结构和社会环境,促进各民族交往交流交融,创建全国民族团结进步示范市2个、示范县区11个、示范单位27个。积极引导宗教与社会主义社会相适应,广泛开展"四进"宗教场所活动,依法加强宗教事务管理,宗教领域保持和谐稳定。特别是在党中央的亲切关怀下,去年成功举办了自治区成立60周年庆祝大会,全区上下倍感振奋、倍受鼓舞,更加坚定了感党恩听党话跟党走、团结一心奋进新时代的信心和决心。现在,宁夏各族人民像珍视自己的生命一样珍视民族团结,像石榴籽一样紧紧抱在一起,中华民族共同体意识深深融入血液,"三个离不开"思想深深扎根心底,形成了回汉一家亲、民族大团结的生动局面。

坚持绿水青山就是金山银山,美丽宁夏建设取得新成效。深入学习贯彻习近平生态文明思想,主动承担起维护西北乃至全国生态安全的重要使命,以抓好中央环保督察及"回头看"反馈问题整改为契机,坚决打好污染防治攻坚战,大力实施生态立区战略,近3年生态环保累计投入359亿元,组织实施蓝天、碧水、净土"三大保卫战",解决了一批生态环境突出问题，全区生态环境质量稳中向好、总体改善，天蓝、地绿、水清已成为老百姓的生活常态。集中力量开展大气污染防治攻坚，强化联防联控联治，2018年地级城市空气优良天数87.2%，PM2.5年均浓度较2016年下降20.5%。打响贺兰山保卫战，强力推进生态破坏整治攻坚行动，保护区内169处人类活动点、工矿企业一律关停退出。打响新时代黄河保卫战，全面取缔工业企业入黄排水口、治理入黄排水沟，黄河干流宁夏段22年来首次连续20个月保持Ⅱ类水质。坚持山水林田湖草一体化修复治理，全区森林覆盖率达到14.6%。

办好中国的事情，关键在党。我们坚持把加强新时代党的建设作为宁夏各项事业发展的重要保证，以党的政治建设为统领，扎实开展"不忘初心、牢记使命"主题教育，引导全区广大党员干部增强"四个意识"、坚定"四个自信"、做到"两个维护"。加强各级领导班子和干部队伍建设，推动基层党组织全面进步全面过硬，持之以恒正风肃纪，集中开展违反中央八项规定精神问题治理，出台"为基层减负30条"，大力解决干部"三不为"问题，保持严惩严处腐败问题高压态势，营造了良好政治生态。

我们将响应习近平总书记考察宁夏时发出的"社会主义是干出来的"伟大号召，不忘初心、牢记使命、振奋精神、实干兴宁，走好新时代的长征路，奋力谱写建设美丽新宁夏、共圆伟大中国梦的壮丽篇章，以优异成绩庆祝新中国成立70周年。

扫码观看
《中国一分钟·宁夏篇》

（《人民日报》2019年08月12日09版）

光辉的历程
——新中国成立70年的成就与启示

牢记嘱托　实干担当
奋力开创重庆各项事业发展新局面

中共重庆市委书记　陈敏尔　　重庆市人民政府市长　唐良智

新中国成立70年特别是改革开放以来，重庆人民走过了一段波澜壮阔的光辉历程，巴渝大地发生了翻天覆地变化

今天的重庆，政治生态整体向好，干部群众精神面貌焕然一新，全面从严治党扎实推进，经济高质量发展势头强劲，社会大局和谐稳定，人民群众获得感、幸福感、安全感不断增强

持续营造良好政治生态，大力推动高质量发展，加快建设内陆开放高地，加快建设山清水秀美丽之地，努力创造高品质生活

新中国成立70年特别是改革开放以来，重庆人民走过了一段波澜壮阔的光辉历程，巴渝大地发生了翻天覆地变化。重庆成为直辖市后，在党中央坚强领导下，三峡百万移民搬迁安置任务圆满完成，综合经济实力快速提升，人民生活水平持续改善，为决胜全面建成小康社会、开启社会主义现代化建设新征程打下坚实基础。2018年，全市GDP突破2万亿元、人均GDP近1万美元，按可比价格计算分别是直辖初的11.3倍、10.5倍，城乡居民人均可支配收入较直辖初分别增长6倍、8倍。

党的十九大以来，我们紧紧围绕把习近平总书记殷殷嘱托全面落实在重庆大地上这条主线，注重从全局谋划一域、以一域服务全局，团结一致、沉心静气、埋头苦干，坚决打好"三大攻坚战"，大力实施"八项行动计划"，坚决肃清孙政才恶劣影响和薄熙来、王立军流毒，推动全市各项事

业迈上新台阶。今天的重庆，政治生态整体向好，干部群众精神面貌焕然一新，全面从严治党扎实推进，经济高质量发展势头强劲，社会大局和谐稳定，人民群众获得感、幸福感、安全感不断增强。

持续营造良好政治生态。做好各方面工作，必须有一个良好的政治生态。我们自觉把践行"两个维护"放在首位，作出"三个确保"政治承诺，即确保重庆各级党组织和广大党员干部一切行动听党中央指挥、向总书记看齐，确保重庆所有工作部署都以贯彻中央精神为前提，确保重庆各项事业沿着总书记指引的正确方向前进。把深学笃用习近平新时代中国特色社会主义思想引向深入，在学进去、讲出来的基础上，注重落地落实做起来，在学思践悟中提高改造主观世界和改造客观世界的能力。把全面从严治党的责任扛在肩上，扎实开展"不忘初心、牢记使命"主题教育，组织开展"以案说纪、以案说法、以案说德、以案说责"警示教育，持之以恒正风肃纪，保持惩治腐败高压态势，在严管厚爱中激励干部担当作为。现在，全市上下进一步形成了增强"四个意识"、坚定"四个自信"、做到"两个维护"的良好政治氛围。

大力推动高质量发展。当前，重庆经济和全国一样，由高速增长阶段转向高质量发展阶段。虽然全市经济发展的一些指标有下行，但经济高质量发展的态势在上行。我们牢固树立和贯彻新发展理念，聚焦高质量、供给侧、智能化深度发力，稳住经济基本面、培育新的增长点。把供给侧结构性改革作为推动高质量发展的治本之策，巩固提升汽车、电子等支柱产业，培育壮大物联网、生物医药、集成电路等战略性新兴产业，做优做强金融、物流、会展等现代服务业，加快形成市场竞争力强、可持续的现代产业体系。2018年，全市战略性新兴产业、高技术产业增加值分别增长13.1%、13.7%，服务业对经济增长的贡献率超过70%。把大数据智能化创新作为推动高质量发展的战略选择，一手抓研发创新、一手抓补链成群，推动数字产业化、产业数字化，推进智能制造和智慧城市建设，用智能化为经济赋能、为生活添彩。去年智能产业增长19.2%，数字经济增加值占

GDP 比重达 21.4%。重庆集大城市、大农村、大山区、大库区于一体，协调发展任务繁重。把城乡融合发展作为推动高质量发展的内在动力，加强对主城区都市圈、渝东北三峡库区城镇群、渝东南武陵山区城镇群的分类指导，合力推进成渝城市群一体化发展，城乡区域发展整体性不断增强。

加快建设内陆开放高地。重庆区位优势独特，是西部大开发的重要战略支点，处在"一带一路"和长江经济带的联结点上。我们全面融入共建"一带一路"和长江经济带发展，推动全方位开放，努力在西部地区带头开放、带动开放。瞄准东南西北 4 个方向，统筹铁公水空四式联运，加强出海出境通道建设，加快构建内陆国际物流枢纽支撑，中欧班列（重庆）货值排名全国中欧班列第一，陆海新通道实现"天天班"稳定双向对开、累计开行突破 1000 班。着力打造引领性开放平台，中新互联互通项目扎实推进，自贸试验区建设成效明显，两江新区开放功能不断增强，重庆高新区、经开区的管理体制不断完善。持续提升开放型经济发展水平，做好"通道带物流、物流带经贸、经贸带产业"的文章，积极应对中美经贸摩擦带来的冲击，稳定扩大外贸进出口，提高外资利用质量。2018 年，全市货物进出口总额增长 15.9%。与此同时，按照中央全面深化改革决策部署，坚持战略导向、问题导向、需求导向，推进重要领域和关键环节改革，推动重点改革事项落地见效。

加快建设山清水秀美丽之地。保护好长江母亲河和三峡库区，事关重庆长远发展，事关国家发展全局。我们学好用好绿水青山就是金山银山"两山论"，走深走实产业生态化、生态产业化"两化路"，不断提升绿水青山"颜值"，做大金山银山"价值"，努力实现百姓富、生态美有机统一。全面落实"共抓大保护、不搞大开发"方针，强化"上游意识"，担起"上游责任"，按照统筹山水林田湖草系统治理的思路，实施长江生态环境系统性保护修复，筑牢长江上游重要生态屏障。聚焦"水里""山上""天上""地里"4 个方面，坚决打赢污染防治攻坚战，着力解决群众反映强烈的突出环境问题。以"天人合一"的价值追求和"知行合一"的人文境界，大力发展绿色产业，建设绿色家园，构建绿色体制，培育绿色文化，积极探索生态优先、绿色发展新路子。2018年，长江干流重庆段水质总体为优，全市森林覆盖率达到48.3%，主城区空气质量优良天数达316天，生态优先、绿色发展日益成为重庆大地主旋律。

努力创造高品质生活。人民对美好生活的向往，就是我们的奋斗目标。我们坚持尽力而为、量力而行，像抓经济建设一样抓民生工作，像落实发展指标一样落实民生任务。从最困难的群体入手，坚决打赢打好脱贫攻坚战，实行市扶贫开发领导小组"双组长"制度，由22位市领导定点包干18个深度贫困乡镇，集中力量解决"两不愁三保障"突出问题。去年底，已实现171.2万人脱贫，贫困发生率降至0.7%。从最突出的问题着眼，统筹解决好同老百姓生活息息相关的教育、就业、社保、医疗、住房等问题，全力做好普惠性、基础性、兜底性民生建设。从最具体的工作抓起，加大民生投入力度，每年滚动实施15件民生实事，去年全市财政民生支出占一般公共预算支出的80%左右。大力推进文化强市、文化惠民，唱响重庆"行千里·致广大"文旅品牌，更好满足人民群众日益增长的精神文化需要。坚决打好防范化解重大风险攻坚战，统筹做好安全生产、食品药品安全、防范重特大自然灾害等工作，全力维护社会和谐稳定，群众安全感不断提升。

扫码观看
《中国一分钟·重庆篇》

（《人民日报》2019年08月15日09版）

光辉的历程
——新中国成立70年的成就与启示

推动新时代党的治疆方略落地生根

新疆维吾尔自治区党委书记　陈全国
新疆维吾尔自治区人民政府主席　雪克来提·扎克尔

七十载风雨同舟，在党中央的坚强领导和亲切关怀下，祖国的新疆从荒凉走向繁华、从贫瘠走向富裕、从封闭走向开放、从落后走向进步。

新疆各族干部群众坚持以习近平新时代中国特色社会主义思想为指导，全面贯彻新时代党的治疆方略，统筹推进稳定发展各项工作，坚定不移推动党中央各项决策部署在新疆落地生根，天山南北春潮浩荡、生机勃发。

一路风雷激荡，一路凯歌嘹亮。七十载风雨同舟，在党中央的坚强领导和亲切关怀下，祖国的新疆从荒凉走向繁华、从贫瘠走向富裕、从封闭走向开放、从落后走向进步。

党的十八大以来，以习近平同志为核心的党中央高度重视新疆工作，多次召开中央政治局常委会会议、中央政治局会议研究新疆工作。特别是习近平总书记亲临新疆考察，召开第二次中央新疆工作座谈会，参加十二届全国人大五次会议新疆代表团审议，从战略和全局上审视、谋划、部署新疆工作，确定了社会稳定和长治久安的总目标，丰富和发展了新时代党的治疆方略，为进一步做好新疆工作指明了前进方向、提供了根本遵循。新疆各族干部群众坚持以习近平新时代中国特色社会主义思想为指导，全面贯彻新时代党的治疆方略，统筹推进稳定发展各项工作，坚定不移推动党中央各项决策部署在新疆落地生根，天山南北春潮浩荡、生机勃发。

我们坚定不移聚焦总目标，坚决维护社会大局稳定。始终把维护稳定作为压倒一切的硬任务、重于泰山的政治责任，坚持抓早抓小抓快抓好，运用法律武器、法治思维、法治方式维护稳定、加强社会治理。全疆连续32个月无暴恐案件，刑事案件、治安案件、危安案件、公共安全事件大幅下降，各族群众的安全感明显增强。

我们坚定不移贯彻新发展理念，持续推动经济高质量发展。坚持稳中求进工作总基调，以提高发展质量和效益为中心，以推进供给侧结构性改革为主线，持续打好防范化解重大风险、精准脱贫、污染防治三大攻坚战，抓好丝绸之路经济带核心区建设、乡村振兴、旅游业发展三项重点工作，不断深化改革、扩大开放，经济保持平稳健康发展。2018年，全区生产总值突破1.2万亿元，同比增长6.1%；接待境内外游客1.5亿人次，同比增长40%。今年上半年，全区实现生产总值5291.37亿元，同比增长5.6%；接待游客7589万人次，同比增长46%。

我们坚定不移坚持以人民为中心发展思想，大力保障和改善民生。将一般公共预算支出的70%以上用于民生领域，持续推进以就业、教育、医疗、社保等为重点的民生工程，切实把发展落实到改善民生、惠及当地、增进团结上。实施南疆富余劳动力转移就业计划，2018年全疆新增就业47.58万人次、农村富余劳动力转移就业280.5万人次；巩固九年义务教育成果，加大双语教育力度，大力发展职业教育，实现了初高中未就业毕业生职业技术培训全覆盖；持续推进全民健康工程，完善社会保障体系，各族群众的获得感、幸福感不断提升；深入开展驻村工作，密切党同各族群众的血肉联系。

我们坚定不移打赢脱贫攻坚战，不获全胜不收兵。紧扣"两不愁三保障"，坚持精准扶贫精准脱贫基本方略，聚焦南疆四地州深度贫困地区，坚持把提高脱贫质量放在首位，扎实推进"七个一批"（转移就业扶持一批、发展产业扶持一批、土地清理再分配扶持一批、转为护边员扶持一批、实施生态补偿扶持一批、易地扶贫搬迁扶持一批、综合社会保障措施兜底一批）；推动"三个加大力度"（加大教育扶贫力度，加大健康扶贫力度，加大基础设施建设力度），既不脱离实际、拔高标准、吊高胃口，也不虚假脱贫、降低标准、影响成色，既不抢跑，也不故意拖延。一手抓剩余贫困人口的减贫，一手抓已脱贫人口的巩固提升，让脱贫成效真正获得群众认可，经得起实践和历史检验。2018年全区53.7万人脱贫、513个贫困村退出，贫困发生率由2017年底的11.57%下降至6.51%。

我们坚定不移高举民族大团结旗帜，促进各民族像石榴籽一样紧紧抱在一起。坚持把民族团结作为最大的群众工作，全面贯彻党的民族政策，落实民族区域自治制度，贯彻民族区域自治法，保障各民族的合法权益。广泛开展民族团结进步创建活动，教育引导各族群众牢固树立"三个离不开"思想、不断增强"五个认同"。持续深入开展"民族团结一家亲"和民族团结联谊活动，全疆112万多名干部职工与169万多户各族群众结对认亲，各族群众在共同生产生活和工作学习中加深了了解、增进了感情，巩固发展了平等团结互助和谐的社会主义民族关系。

我们坚定不移贯彻党的宗教工作基本方针，引导宗教与社会主义社会相适应。坚持我国宗教中国化方向，保护合法、制止非法、遏制极端、抵御渗透、打击犯罪，正确处理去极端化和依法保护正常宗教活动的关系，依法保障信教群众正常的宗教需求和正常的宗教活动，尊重信教群众的习俗，持续推进宗教活动场所"七进两有"（水、电、路、气、讯、广播电视、文化书屋进清真寺，主麻清真寺有净身设施、有水冲式厕所）"九配备"（配备医药服务、电子显示屏、电脑、电风扇或空调、消防设施、天然气、饮水设备、鞋套或鞋套机、储物柜），改善宗教活动条件。办好新疆伊斯兰教经学院及其分院，加强对爱国宗教人士的关爱培养，更好地团结广大信教群众确立正信、抵制极端。

我们坚定不移落实新时代党的建设总要求，推动全面从严治党向纵深发展。切实树牢"四个意识"、坚定"四个自信"、做到"两个维护"，坚决做到新疆距离首都北京虽远，但自治区党委、全区各级党组织、广大党员干部和各族群众的心,始终与以习近平同志为核心的党中央紧紧贴在一起、紧紧连在一起,在思想上政治上行动上始终同以习近平同志为核心的党中央保持高度一致,一切行动听从党中央的号令指挥。扎实开展"不忘初心、牢记使命"主题教育,坚持以习近平新时代中国特色社会主义思想武装头脑,突出问题导向和效果导向,把学习教育、调查研究、检视问题、整改落实贯穿始终,切实提升贯彻新时代党的治疆方略的能力和水平。坚持一手抓反分裂斗争、一手抓党风廉政建设和反腐败斗争,严格落实中央八项规定精神和实施细则,持之以恒加强作风建设,不断夯实党在新疆的执政根基。

70 年来,镌刻于天山南北的辉煌成就,得益于中国共产党坚强领导,得益于社会主义制度的巨大优越性,得益于民族区域自治制度的旺盛生命力,得益于全国人民的大力支持和无私支援,得益于全区各族干部群众团结一心、砥砺奋进。

万山磅礴必有主峰,龙衮九章但挈一领。2500 万新疆各族儿女将更加紧密地团结在以习近平同志为核心的党中央周围,深入学习贯彻习近平新时代中国特色社会主义思想,认真贯彻落实习近平总书记关于新疆工作的重要讲话和重要指示精神,贯彻落实新时代党的治疆方略,聚焦社会稳定和长治久安总目标,不忘初心、牢记使命,勠力同心、不懈奋斗,奋力把祖国的新疆建设得越来越美好,为实现中华民族伟大复兴中国梦贡献积极力量。

扫码观看
《中国一分钟·新疆篇》

(《人民日报》2019 年 08 月 16 日 09 版)

谱写新时代维稳戍边新篇章

新疆生产建设兵团党委书记、政委　孙金龙

新疆生产建设兵团党委副书记、司令员　彭家瑞

65年来,兵团忠实履行党中央赋予的维稳戍边职责,不忘初心使命、传承红色基因,发扬"热爱祖国、无私奉献、艰苦创业、开拓进取"的兵团精神,为推动新疆发展、增进民族团结、维护社会稳定、巩固国家边防作出了不可磨灭的历史贡献。

兵团广大干部群众坚持以习近平新时代中国特色社会主义思想为指导,深入贯彻新时代党的治疆方略和对兵团的定位要求,坚定坚决推动党中央各项决策部署落实落地,兵团事业不断取得新进展新成效,焕发出新的生机活力。

今年,是新中国成立70周年,也是新疆生产建设兵团成立65周年。65年来,兵团忠实履行党中央赋予的维稳戍边职责,不忘初心使命、传承红色基因,发扬"热爱祖国、无私奉献、艰苦创业、开拓进取"的兵团精神,为推动新疆发展、增进民族团结、维护社会稳定、巩固国家边防作出了不可磨灭的历史贡献。

无边光景一时新。党的十八大以来,以习近平同志为核心的党中央高度重视兵团工作,习近平总书记亲临新疆和兵团考察调研,主持召开第二次中央新疆工作座谈会,发表一系列重要讲话,确立了新时代党的治疆方略和对兵团的定位要求,指出社会稳定和长治久安是新疆工作总目标,强调兵团是实现党中央关于新疆工作总目标的重要战略力量,要求兵团履行

好安边固疆的稳定器、凝聚各族群众的大熔炉、先进生产力和先进文化的示范区"三大功能",发挥好调节社会结构、推动文化交流、促进区域协调、优化人口资源"四大作用",部署推进兵团深化改革与向南发展,为我们做好新时代兵团工作指明了前进方向、提供了根本遵循、赋予了强大动力。在自治区党委统一领导下,兵团广大干部群众坚持以习近平新时代中国特色社会主义思想为指导,增强"四个意识"、坚定"四个自信"、做到"两个维护",深切体悟以习近平同志为核心的党中央的关怀厚爱,深入贯彻新时代党的治疆方略和对兵团的定位要求,坚定坚决推动党中央各项决策部署落实落地,兵团事业不断取得新进展新成效,焕发出新的生机活力。

全力提升维稳戍边看家本领,锻造发挥兵团特殊作用的坚强力量。我们牢记习近平总书记"维稳戍边是兵团的看家本领"的殷殷嘱托,努力打造一支拉得出、用得上、干得好的一流民兵队伍。建立并不断完善土地、职工、民兵"三位一体"制度,实行基干民兵实名制和"退一补一"机制,组织师团连主官和20万干部职工开展全员大冬训,兵团的民兵更"实"、更"优"、更"快"、更"强"了,广大职工"兵"的荣誉感大大增强,履行民兵义务的自觉性高涨,连队组织能力大大提高,团场指挥动员体系更加健全,各级抓"兵"的意识明显增强,兵团组织优势和动员能力正在进行革命性锻造。打好反恐维稳"组合拳",持续深入开展严打暴恐专项行动和扫黑除恶专项斗争,深入开展意识形态领域反分裂斗争,确保了辖区稳定,积极参与地方维稳。

坚定推进兵团深化改革,强化发挥兵团特殊作用的体制保障。我们牢记习近平总书记"全面深化兵团改革"的重要指示,把兵团深化改革作为重大政治任务紧紧抓在手上、作为重大政治责任牢牢扛在肩上,敢啃硬骨头、敢于涉险滩,扎实做好兵团深化改革这一必答考卷。两年来深化改革给兵团带来一系列可喜变化:党的领导全面加强,基层党组织组织力战斗力明显增强。对职工承包土地进行确权颁证,把经营自主权还给职工,农业生产力得到极大解放,农业一线职工数量扭转了近十年来持续下降的局面并迅速回升,为建设一流民兵队伍提供了稳定的兵源;大力推进团场政企、政资、政事、政社"四分开",团场体制机制得到全面重塑。兵团"政"的职能不断健全和转变,"政"的意识和行为逐步养成。正式由财务体制转为财政体制,财政预算硬约束机制初步确立。国资国企改革扎实推进,"企"的市场主体地位逐步显现。

扎实推进兵团向南发展,完善发挥兵团特殊作用的战略布局。我们牢记习近平总书记对兵团的明确要求,把兵团向南发展作为当务之急和战略之举,作为兵团必须完成好的重大政治任务,强化"棋眼"意识,以千难万难也要向南、千方百计坚决向南的使命担当和信心决心,大力推进兵团向南发展。以产业发展带动人口集聚为主线,挖掘一产潜力,大力发展二三产业,通过市场、产业、政策、环境等多种方式,加快壮大南疆兵团经济规模和人口规模。把区域生态环境建设摆在突出位置,通过大规模植树造林、兴修水利、防风固沙、排盐治碱、节水灌溉,对 800 多千公顷的荒漠植被采取封沙育林育草等措施,逐步建起环绕塔克拉玛干和古尔班通古特两大沙漠的绿色生态带,有效改善了沙漠边缘的生态环境。

努力壮大综合实力,夯实发挥兵团特殊作用的物质基础。我们牢记习近平总书记关于"发展是兵团增强综合实力、实现拴心留人、履行职责使命的关键"的指示要求,贯彻落实新发展理念,坚持稳中求进工作总基调,着力打好"三大攻坚战",当好"生态卫士",推进高质量发展。认真贯彻"巩固、增强、提升、畅通"八字方针,深入推进供给侧结构性改革,积极参与丝绸之路经济带核心区建设,着力抓好投资、招商引资、对口援疆工作,大力发展民营经济,加快发展旅游业,扎实推进城镇化,努力构建以新型工业化为主导的产业发展格局。2018 年,兵团生产总值 2515.16 亿元,比上年增长 6.0%;总人口达到 310.56 万人,比上年末增加 10.03 万人。大力保障和改善民生,持续将一般公共预算支出的 80% 以上用于民生领域,扎实办好教育保障、就业促进、乡村振兴、扶贫帮困等惠民实事;积极推进增收致富，2018年辖区内居民人均可支配收入31513元，同比增长7.1%；扎实推进脱贫攻坚，贫困发生率下降至0.4%，2019年将全面完成脱贫攻坚任务。

深入推进全面从严治党，为发挥兵团特殊作用提供坚强保证。我们深入贯彻落实以习近平同志为核心的党中央全面从严治党部署，全面落实新时代党的建设总要求，坚持以党的政治建设为统领，强化政治纪律和政治规矩，增强"四个意识"、坚定"四个自信"、做到"两个维护"，坚决在思想上政治上行动上同以习近平同志为核心的党中央保持高度一致。扎实开展"不忘初心、牢记使命"主题教育，把学习贯彻习近平新时代中国特色社会主义思想作为根本任务，以主题教育的扎实成效推动兵团改革发展稳定工作取得新成绩。坚定不移推进党风廉政建设和反腐败斗争，严肃反分裂斗争纪律，持之以恒深化作风建设，激励干部新时代新担当新作为，确保党中央决策部署在兵团落地生根。

征程万里风正劲，重任千钧再出发。站在新的历史起点上，兵团干部群众将更加紧密地团结在以习近平同志为核心的党中央周围，大力弘扬兵团精神、老兵精神和胡杨精神，不忘初心、牢记使命，更好履行职责使命、服务新疆工作总目标，以优异成绩庆祝新中国成立70周年！

(《人民日报》2019年08月19日09版)

光辉的历程
——新中国成立70年的成就与启示

奋力谱写新时代首都发展新篇章

中共北京市委书记 蔡奇 北京市人民政府市长 陈吉宁

进入新时代,首都北京的发展与党和国家的使命更加紧密联系在一起
进入新时代,必须正确处理"都"与"城"的关系
进入新时代,必须认真抓好"三件大事",打好三大攻坚战
进入新时代,必须扎实推动高质量发展
进入新时代,必须以永远在路上的韧劲和执着,不断把全面从严治党引向深入

雄关漫道真如铁,而今迈步从头越。70年前,新中国宣告诞生并定都北京,标志着这座古老而伟大的城市掀开了崭新一页。70年来,在党中央坚强领导下,全市人民砥砺前行、团结奋斗,首都北京发生了翻天覆地的沧桑巨变。与新中国成立初期相比,地区生产总值由2.8亿元提高到3万多亿元,地方财政收入由0.24亿元提高到5785.9亿元,居民人均收入由200元左右提高到6.24万元,人均预期寿命由40岁左右增加到82.2岁。北京已从新中国之初一座百业凋零的城市,变成了欣欣向荣的现代化国际大都市。

党的十八大以来,习近平总书记先后4次视察北京,5次对北京发表重要讲话,深刻回答了"建设一个什么样的首都,怎样建设首都"这一重大时代课题,为我们做好首都工作指明了方向。我们切实增强"四个意识"、坚定"四个自信"、做到"两个维护",推动习近平新时代中国特色

社会主义思想在京华大地落地生根、开花结果，形成生动实践，首都现代化建设开启了新航程。

首都城市战略定位牢固确立。紧紧围绕全国政治中心、文化中心、国际交往中心、科技创新中心的城市战略定位来谋划推进各项工作，编制并实施新一版北京城市总体规划，首都功能持续优化提升，"四个服务"水平不断提高，城市综合服务保障能力显著增强。近几年圆满完成亚太经合组织会议、抗战胜利70周年纪念活动、"一带一路"国际合作高峰论坛、中非合作论坛北京峰会、世界园艺博览会开幕开园、亚洲文明对话大会等一系列重大活动服务保障任务。

京津冀协同发展战略深入实施。牵住疏解北京非首都功能这个"牛鼻子"，严格控增量、有序疏存量，持续推进疏解整治促提升专项行动，累计关停退出一般性制造业企业2648家，一批教育、医疗单位向主城区外疏解转移。近几年拆违超过1亿平方米，2018年减少建设用地规模约34平方公里，北京已成为全国第一个减量发展的城市。高水平规划建设北京城市副中心，市级机关于2019年初正式迁入。全力支持河北雄安新区建设，推进交通、生态、产业等重点领域率先突破，促进公共服务共建共享，协同发展实现良好开局。

创新发展势头良好。坚持创新驱动发展战略，发展动能加速转变。研发投入强度保持在5.8%左右，中关村国家自主创新示范区企业总收入保持两位数增长；高技术产业占GDP比重达到23%，科技、信息产业对经济增长的贡献率达48.6%，北京的经济创新力和竞争力不断增强。

改革开放纵深推进。抓好党中央重大改革决策落地实施，推出我市117条改革开放政策。供给侧结构性改革、优化营商环境、中关村先行先试、国资国企改革、民生领域改革不断取得新突破。主动融入"一带一路"建设，推动亚投行、丝路基金落户北京。深化服务业扩大开放综合试点。全市服务贸易规模占全国比重接近20%，商品进出口总额占全球比重超过1%，开放型经济达到新水平。

城市治理成效显著。坚持精治、共治、法治，着力推进以背街小巷为重点的城市精细化管理，城乡面貌日新月异。持续治霾、治水、治垃圾、治土壤，PM2.5年均浓度2018年比2013年累计下降43%，人民群众享受到更多的蓝天白云。实施缓解交通拥堵行动计划，改善绿色出行环境，轨道交通运营总里程达636.8公里。狠抓城市治理痛点，实施回龙观、天通苑地区三年行动计划，积极探索各方参与、居民共治的大型社区治理样本。实施乡村振兴战略，推进美丽乡村建设，乡村治理水平稳步提升。

民生福祉持续改善。教育、医疗、养老、文化体育等社会事业蓬勃发展，保障性住房建设、棚户区改造、老旧小区综合整治成效显著，基本公共服务实现人群全覆盖。坚持民有所呼、我有所应，深化党建引领"街乡吹哨、部门报到"改革，对12345市民服务热线反映的问题闻风而动、接诉即办，市民群众的获得感不断增强。加强社会治理创新，推进平安北京建设，深入开展扫黑除恶专项斗争，社会大局保持和谐稳定。

党的建设全面加强。牢固树立抓好党建是最大政绩理念，认真落实全面从严治党主体责任，坚持用习近平新时代中国特色社会主义思想武装头脑。加强领导班子和干部队伍建设，激励干部担当作为。推进基层党组织和在职党员"双报到"，加强党支部标准化、规范化建设。严格落实中央八项规定精神，党风政风明显改善。持续深化国家监察体制改革，实现纪检监察派驻和巡视全覆盖。坚持以"零容忍"态度惩治腐败，反腐败斗争压倒性态势已经形成。

党的十八大以来首都北京取得的新成就，是党和国家各项事业取得历史性成就、发生历史性变革的生动缩影。这些成绩的取得，最根本在于有以习近平同志为核心的党中央的坚强领导，有习近平新时代中国特色社会主义思想的科学指引。

进入新时代，首都北京的发展与党和国家的使命更加紧密联系在一起。"两个一百年"奋斗目标落实在北京，就是要率先全面建成小康社会，努力建设伟大社会主义祖国的首都、迈向中华民族伟大复兴的大国首都、国际一流的和谐宜居之都。重任在肩，时不我待。我们要坚持以习近平新时代中国特色社会主义思想为指导，深入贯彻习近平总书记对北京重要讲话精神，全面贯彻党中央各项决策部署，认真落实新发展理念，统筹推进"五位一体"总体布局，协调推进"四个全面"战略布局，更加奋发有为地推动首都新发展。

进入新时代，必须正确处理"都"与"城"的关系。紧紧围绕"都"的功能来谋划"城"的发展，以"城"的更高水平发展服务保障"都"的功能，大力加强"四个中心"功能建设、提高"四个服务"水平，更好服务党和国家工作大局。

进入新时代，必须认真抓好"三件大事"，打好三大攻坚战。深入实施新一版北京城市总体规划，坚决维护总规的严肃性和权威性；积极推进以疏解北京非首都功能为"牛鼻子"的京津冀协同发展，高水平规划建设城市副中心，全力支持河北雄安新区规划建设，全面抓好交通、生态、产业重点领域任务落实；坚持绿色、共享、开放、廉洁的办奥理念，确保把2022年北京冬奥会、冬残奥会办成一届精彩、非凡、卓越的奥运盛会，彰显"双奥之城"的荣耀。发扬斗争精神，有效防范化解政治、经济、意识形态、社会等各领域风险，切实维护首都安全稳定；高标准完成对口支援、帮扶各项任务，助力受援地区如期脱贫；大力加强生态文明建设，坚决打好污染防治攻坚战。

进入新时代，必须扎实推动高质量发展。紧抓新一轮科技革命机遇，着力推进"三城一区"主平台和中关村国家自主创新示范区主阵地建设，加强核心技术攻关，促进科技成果转化，构建高精尖经济结构，建设具有首都特点的现代化经济体系。实施城市南部地区发展行动计划，推动生态涵养区生态保护和绿色发展，促进城乡、区域均衡发展。把改革开放作为推动高质量发展的强大动力，推出更多有分量的改革举措，发展更高层次开放型经济。坚持以人民为中心的发展思想，紧扣"七有"要求，围绕北京市民新需求，完善"接诉即办"机制，更好满足人民群众的美好生活需要。

进入新时代,必须以永远在路上的韧劲和执着,不断把全面从严治党引向深入。扎实推进"不忘初心、牢记使命"主题教育,牢记"看北京首先要从政治上看"要求,坚持以党的政治建设为统领,全面推进党的思想建设、组织建设、作风建设、纪律建设,把制度建设贯穿其中,深入推进反腐败斗争,力戒形式主义、官僚主义,把全市各级党组织建设得更加坚强有力。

回顾过去,成就辉煌;展望未来,前景光明。我们要更加紧密地团结在以习近平同志为核心的党中央周围,不忘初心、牢记使命,开拓进取、向上奋斗,以"无我"和"赶考"的状态,认真履行首都职责,奋力谱写新时代首都发展新篇章。

扫码观看
《中国一分钟·北京篇》

(《人民日报》2019年08月20日09版)

坚守初心使命 践行"三个着力"

中共天津市委书记 李鸿忠   天津市人民政府市长 张国清

新中国成立70年来,天津始终与祖国共奋进、与时代同步伐,实现了从一个一穷二白、百废待兴的旧天津,向欣欣向荣、繁荣发展的社会主义现代化大都市的历史性巨变。

党的十八大以来,中国特色社会主义进入新时代,天津改革发展开启新征程。习近平总书记先后4次亲临天津视察,对天津工作提出着力提高发展质量和效益、着力保障和改善民生、着力加强和改善党的领导的"三个着力"重要要求,亲自谋划推动京津冀协同发展重大国家战略,为天津发展提供了根本遵循、指明了前进方向、注入了强大动力。

新中国成立70年来,我们党始终不忘初心、牢记使命,团结带领全国各族人民砥砺前行、不懈奋斗,进行了人类历史上最为广泛而深刻的社会革命,成功开辟和发展了中国特色社会主义道路,使中华民族迎来了从站起来、富起来到强起来的伟大飞跃。天津始终与祖国共奋进、与时代同步伐,实现了从一个一穷二白、百废待兴的旧天津,向欣欣向荣、繁荣发展的社会主义现代化大都市的历史性巨变。从1949年到2018年,全市生产总值由4.07亿元增加到18809.64亿元,一般公共预算收入由0.44亿元增加到2106.19亿元,城镇居民人均可支配收入由151元增加到42976元,农村居民人均纯收入由45元增加到23065元,城镇化率达到83.15%,城乡面貌焕然一新,人民群众安居乐业,渤海明珠更加璀璨。

光辉的历程
——新中国成立70年的成就与启示

党的十八大以来，中国特色社会主义进入新时代，天津改革发展开启新征程。习近平总书记先后4次亲临天津视察，对天津工作提出着力提高发展质量和效益、着力保障和改善民生、着力加强和改善党的领导的"三个着力"重要要求，亲自谋划推动京津冀协同发展重大国家战略，为天津发展提供了根本遵循、指明了前进方向、注入了强大动力。我们始终牢记习近平总书记的嘱托，坚持以习近平新时代中国特色社会主义思想为指引，以"三个着力"重要要求为元为纲，抓纲带目、凝心聚力，忠诚担当、创新竞进，推动改革发展、民计民生、党的建设取得新成绩。

我们抢抓新机遇、融入大战略，在京津冀协同发展国家战略中展现天津作为。牢固树立"一盘棋"思想，自觉把天津发展放在京津冀协同发展大局中去定位，放在服务雄安新区建设这一千年大计中去谋划，推进产业协同对接、区域协同创新、生态协同保护、体制协同改革、基础设施协同建设、社会协同治理，全力打造全国先进制造研发基地、北方国际航运核心区、金融创新运营示范区、改革开放先行区。京冀企业在津投资累计达到7551.83亿元，占全市引进内资的43.5%，天津港服务京津冀协同发展能力显著增强，正向世界一流绿色港口、智慧港口迈进。

我们坚决贯彻新发展理念，坚定不移推进高质量发展。坚持"创新竞进、优化结构、以质为帅、绿色发展"，坚决摒弃"速度情结""GDP崇拜"，转变粗放的发展方式，关停整治2万多家"散乱污"企业，破解"园区围城""钢铁围城"，实施875平方公里湿地保护、736平方公里绿色生态屏障、153公里海岸线保护等一系列工程，近3年全市万元GDP能耗累计下降15.4%；实施创新驱动发展战略，经济结构持续优化，新动能快速增长，形成智能科技、生物医药、新能源新材料等战略性新兴产业集群，成功举办3届世界智能大会，全力打造"天津智港"。2018年综合科技创新水平指数达到80.75%，连续16年位居全国第三。

我们坚定不移推进全面深化改革、扩大对外开放。制定实施优化营商环境的"津八条"和民营经济"十九条"，深化"一制三化"改革，激发市场主体活力，截至2018年末全市民营市场主体累计达到107.45万户，占市场主体总量的96.3%；积极融入"一带一路"建设，深化同参与国家的产能合作，加快经贸合作区建设；推进自由贸易试验区制度创新，形成了一批可复制可推广的新经验，率先落地企业经营许可"一址多证"、融资租赁特殊目的公司外债便利化等创新政策，聚集融资租赁企业3500多家，租赁资产超过万亿元，飞机、国际航运船舶和海工平台租赁业务均占全国80%以上。

我们坚持以人民为中心的发展思想，着力解决"衣食住行、业教保医"等群众切身利益问题。每年实施20项民心工程，财政支出的75%用于民生领域，先后两轮结对帮扶困难村1500个，实施市区棚户区改造"清零"计划，下大力解决养老、学前教育的"一老一小"问题，推动756件信访积案"清仓见底"，为30余万户居民解决历史遗留的房屋产权问题，从2016年以来连续3年供暖季提前和延长供暖时间，人民群众的获得感、幸福感、安全感不断增强。

我们坚持以党的政治建设为统领，推进全面从严治党。牢固树立"抓好党建是最大政绩"的理念，在全市开展"维护核心、铸就忠诚、担当作为、抓实支部"教育实践活动，以自我革命精神深化巡视整改，直面问题、刮骨疗毒，正风肃纪、反腐惩恶，整治圈子文化、码头文化、好人主义，坚决肃清黄兴国恶劣影响，持续净化修复政治生态，全市党员干部"四个意识"普遍增强，"两个维护"成为自觉行动。坚持抓基层、打基础，圆满完成基层组织换届选举，全市3538个行政村和1667个社区100%成功换届、100%依法定程序实现基层党组织书记、村（居）委会主任"一肩挑"，面向全国公开招录2000多名农村专职党务工作者，党在基层的执政根基更加巩固，确保党的领导"一根钢钎插到底"。

初心因执着而历久弥新，使命因担当而神圣宏伟。习近平总书记对天津工作提出的"三个着力"重要要求，与党的初心和使命高度契合，是"为中国人民谋幸福、为中华民族谋复兴"在天津的具体实践。面向未来，我们将借"不忘初心、牢记使命"主题教育东风，继续沿着习近平总书记指引的"三个着力"方向，守初心、担使命，扬帆新征程、奋进新时代。

坚守对党、对党的领导核心绝对忠诚之心，担当"着力加强和改善党的领导"的使命。实践充分证明，党的领导是中国特色社会主义的本质特征，是中国特色社会主义制度的最大优势。特别是党的十八大以来天津的发展变化，是习近平新时代中国特色社会主义思想指引的结果，是以习近平同志为核心的党中央坚强领导的结果。我们要进一步增强"四个意识"，坚定"四个自信"，坚决做到"两个维护"，以更坚决的态度、更有力的措施、更务实的作风抓落实，确保习近平总书记重要指示批示和党中央决策部署在天津落地生根。

坚守人民至上的拳拳赤子心，担当"着力保障和改善民生"的使命。自觉把习近平总书记以人民为中心的思想植根心底、见诸行动，坚持一切为了群众、一切依靠群众，从群众中来、到群众中去，始终与人民心心相印、同甘共苦、团结奋斗，想百姓所想，急百姓所急，忧百姓所忧，切实解决人民群众反映强烈的突出问题，让天津人民生活更幸福更美好。

坚守对改革发展大业的强烈责任心，担当"着力提高发展质量和效益"的使命。时刻保持对事业的激情，时刻保持旺盛的革命斗志，以新发展理念为引领，推动质量变革、效益变革、动力变革，坚决打好"三大攻坚战"，深化市场化改革，扩大高水平开放，坚定不移推进高质量发展，加快"一基地三区"建设，为把天津建设成为创新发展、开放包容、生态宜居、民主法治、文明幸福的社会主义现代化大都市而不懈奋斗。

扫码观看
《中国一分钟·天津篇》

(《人民日报》2019年08月21日09版)

在新时代的"赶考"路上努力交出优异答卷

中共河北省委书记　王东峰　　河北省人民政府省长　许勤

70年前,党中央从河北西柏坡出发"进京赶考",新中国从这里走来。70年来,在中国共产党领导下,中华民族迎来了从站起来、富起来到强起来的伟大飞跃,燕赵大地发生了历史性变化,经济社会发展取得历史性成就,河北人民过上了前所未有的幸福生活。

新时代,新起点,新征程。全省上下将更加紧密地团结在以习近平同志为核心的党中央周围,坚持以习近平新时代中国特色社会主义思想为指导,不忘初心、牢记使命,开拓创新、拼搏竞进,加快建设经济强省、美丽河北,为实现"两个一百年"奋斗目标和中华民族伟大复兴中国梦做出新贡献。

70年前,党中央从河北西柏坡出发"进京赶考",新中国从这里走来。70年来,在中国共产党领导下,中华民族迎来了从站起来、富起来到强起来的伟大飞跃,燕赵大地发生了历史性变化,经济社会发展取得历史性成就,河北人民过上了前所未有的幸福生活。辉煌的成就鼓舞人心,美好的未来催人奋进。

习近平总书记对河北知之深、爱之切,党的十八大以来7次视察河北,作出一系列重要指示批示。习近平总书记在西柏坡考察时强调:"所有领导干部和全体党员要继续把人民对我们党的'考试'、把我们党正在经受和将要经受各种考验的'考试'考好,努力交出优异的答卷。"

我们牢记习近平总书记谆谆教导，深入学习贯彻习近平新时代中国特色社会主义思想和党的十九大精神，把当好首都政治"护城河"作为政治之责、为政之要，增强"四个意识"，坚定"四个自信"，坚决做到"两个维护"，传承红色基因，弘扬"赶考"精神，实施"三六八九"工作思路，奋力开创新时代全面建设经济强省、美丽河北新局面，以河北之稳拱卫首都安全，以河北之进服务全国改革发展大局。

——着力强化政治引领，始终在思想上政治上行动上同以习近平同志为核心的党中央保持高度一致。办好河北的事情，最根本的是坚持党的领导，以党的创新理论武装头脑、指导实践、推动工作。坚持把"两个维护"作为最大的政治，出台关于进一步加强党的政治建设坚决当好首都政治"护城河"的实施意见、关于深入贯彻落实习近平总书记对河北工作重要指示批示的意见，把全省上下的思想和行动高度统一到党中央决策部署上来。持续兴起学习宣传贯彻习近平新时代中国特色社会主义思想热潮，深入开展"不忘初心、牢记使命"主题教育，加强党员干部学习培训，扎实做好党的创新理论进企业、进农村、进机关、进校园、进社区、进网络工作，坚定不移拥护核心、跟随核心、捍卫核心。

——着力办好三件大事，扎实推动重大国家战略和国家大事在河北落地见效。习近平总书记亲自谋划推动京津冀协同发展、雄安新区规划建设、北京冬奥会筹办，给河北发展带来千载难逢的历史机遇。我们牢牢抓住疏解北京非首都功能这个"牛鼻子"，推动京津冀协同发展向广度深度拓展，交通、生态、产业三个重点领域率先突破，去年引进京津项目2516个、资金4308亿元。坚持世界眼光、国际标准、中国特色、高点定位，努力创造"雄安质量"，"1+4+26"规划体系和"1+N"政策体系基本形成，雄安国际科技成果展示交易中心、京雄城际、白洋淀生态治理等项目加快推进，一批高端高新企业落户新区。认真贯彻"四个办奥"理念，高质量做好张家口赛区筹办工作，76个冬奥项目已开工73个、完工6个，大力发展冰雪运动和冰雪产业，努力交出冬奥会筹办和本地发展两份优异答卷。

——着力抓好第一要务，加快创新发展、绿色发展、高质量发展步伐。认真贯彻习近平总书记"坚决去、主动调、加快转"的重要指示，全面落实新发展理念，大力推进供给侧结构性改革。近些年压减退出钢铁产能8223万吨，今明两年再分别压减1400万吨，到2020年控制在2亿吨以内。加大改革开放力度，深化国际产能合作，河钢塞钢成为共建"一带一路"样板工程，管理团队被中宣部授予"时代楷模"称号。开展"双创双服"和"三深化三提升"活动，谋划推进"万企转型"，改造提升传统产业，大力发展战略性新兴产业和现代服务业，加快培育壮大沿海经济、城市经济、县域经济、民营经济。去年全省生产总值增长6.6%，一般公共预算收入增长8.7%，产业结构由"二三一"历史性转变为"三二一"，今年上半年生产总值同比增长7.1%，一般公共预算收入增长12.7%，城乡居民收入分别增长8.4%和9.3%，多项指标创近年来最好水平。

——着力保障改善民生，切实增强人民群众获得感、幸福感、安全感。自觉践行以人民为中心的发展思想，努力让改革发展成果更多更公平惠及人民群众。认真落实精准脱贫方略，举全省之力打好脱贫攻坚战，加强产业、就业、科技和易地搬迁扶贫，着力解决"两不愁三保障"突出问题，去年21个贫困县摘帽、65万人稳定脱贫，国家扶贫成效考核进入"好"的行列，河北历史上有62个贫困县，剩余的13个贫困县今年全部摘帽。深入贯彻习近平生态文明思想，打好蓝天、碧水、净土保卫战，强化燃煤治理和冬季清洁取暖，加强首都水源涵养功能区和京津冀生态环境支撑区建设，累计煤改气、煤改电535万户，去年完成营造林987万亩，PM2.5平均浓度同比下降14%，为6年来最好。滚动实施棚户区改造、老旧小区改造等20项民心工程，退役军人管理服务"六个全覆盖"和"三个常态化"取得扎实成效。开展农村人居环境整治，群众生产生活条件显著改善。

——着力防范化解风险，不断巩固提升和谐稳定的良好局面。强化底线思维和忧患意识，努力把拱卫首都安全的钢铁长城打造得更加牢固可靠。举办全省党政主要领导干部专题研讨班，制定打好防范化解重大风险攻坚战的意见，深入开展摸底排查和专项整治，坚决守住不发生区域性系统性风险底线。加强金融、政府债务等重点领域风险化解，积极稳妥处置非法集资等事件。突出"事要解决"，强化领导干部包联，下大力化解信访积案，信访稳定形势发生历史性新变化。在宗教领域创新开展"双创四进"活动，探索建立"三项制度"，促进宗教与社会主义社会相适应。扎实开展扫黑除恶专项斗争，探索创新"一案三查"，彻查背后的"关系网""保护伞"。加强反恐防暴、社会治安、安全生产和食品药品安全等工作，社会大局保持和谐稳定。

——着力全面从严治党，扎实营造风清气正的良好政治生态。认真贯彻新时代党的建设总要求，推动全面从严治党向纵深发展。出台关于严格落实全面从严治党主体责任和监督责任的意见，强化党委（党组）主体责任、党委（党组）书记第一责任人责任、纪委监委监督责任和班子成员"一岗双责"。建设省警示教育基地，深化政治性警示教育，坚决肃清周本顺等人恶劣影响。坚持新时代党的组织路线，落实好干部标准，树立正确用人导向。严格落实中央八项规定及其实施细则精神，深化纠正"四风"和作风纪律专项整治，严肃查处和公开曝光了一批反面典型，坚决防止和克服形式主义、官僚主义。强化巡视巡察，一体推进不敢腐、不能腐、不想腐，巩固发展了反腐败斗争压倒性胜利。

新时代，新起点，新征程。全省上下将更加紧密地团结在以习近平同志为核心的党中央周围，坚持以习近平新时代中国特色社会主义思想为指导，不忘初心、牢记使命，开拓创新、拼搏竞进，加快建设经济强省、美丽河北，为实现"两个一百年"奋斗目标和中华民族伟大复兴中国梦做出新贡献！

下编　壮丽70年·奋斗新时代
——伟大的成就　时代的辉煌

扫码观看
《中国一分钟·河北篇》

(《人民日报》2019年08月22日09版)

> 光辉的历程
> ——新中国成立70年的成就与启示

贯彻新理念　走出振兴发展新路

中共吉林省委书记　巴音朝鲁　吉林省人民政府省长　景俊海

坚持变中求新、变中求进、变中求破，深入实施"三个五"发展战略，大力推进中东西"三大板块"建设，加快构建"一主六双"产业空间布局，走出一条质量更高、效益更好、结构更优、优势充分释放的振兴发展新路，确保习近平总书记重要指示要求在吉林落地生根、开花结果。

70年的辉煌成就，充分体现了中国共产党的领导和中国特色社会主义制度的无比优越性，也进一步坚定了吉林广大干部群众更加紧密地团结在以习近平同志为核心的党中央周围，沿着中国特色社会主义道路奋勇前进的决心和信心。

新中国成立70年来，吉林发生了翻天覆地的变化，全省地区生产总值由1952年的16.6亿元增加到2018年的1.5万亿元，人均地区生产总值由153元增加到5.5万元。特别是党的十八大以来，习近平总书记先后两次到吉林考察，为我们掌舵领航、把脉定向，为新时代吉林振兴注入了强大的政治动力、精神动力和实践动力。我们始终牢记习近平总书记殷切嘱托，坚持变中求新、变中求进、变中求破，深入实施"三个五"发展战略，大力推进中东西"三大板块"建设，加快构建"一主六双"产业空间布局，走出一条质量更高、效益更好、结构更优、优势充分释放的振兴发展新路，确保习近平总书记重要指示要求在吉林落地生根、开花结果。

坚定不移推动高质量发展，发展质量效益大幅提升。深入贯彻落实习近平总书记关于改变工业"一柱擎天"和结构单一的"二人转"产业体系的重要指示要求，牢牢把握供给侧结构性改革这条主线，坚持以数字吉林建设为引领，"加减乘除"一起做，"有中生新、无中生有"一起抓，大力推进产业结构优化升级和创新驱动发展，加快新旧动能转换，推动老工业基地华丽转身。着力推动经济结构调整，全力打好转型升级主动仗，深入实施产业转型升级"四大工程"，三次产业结构由新中国成立初期的55.5∶27.4∶17.1调整到7.7∶42.5∶49.8。着力培育新产业新业态新模式，智能网联汽车、新能源汽车加快发展，旅游总收入突破4200亿元，电商交易额、农村网络零售额、跨境电商出口额增速连续多年保持30%以上。着力下好创新先手棋，加强创新体系、创新平台、创新能力建设，国内最大的OLED新型显示材料生产基地建成投产，时速400公里跨国联运客车研制总体设计方案通过国家评审，科技进步贡献率达到55.5%，科技促进经济发展指数居全国第十四位。

坚定不移推进现代农业建设，"三农"工作形势持续向好。深入贯彻落实习近平总书记关于争当农业现代化排头兵的重要指示要求，深入实施乡村振兴战略，着力构建现代农业"三大体系"，加快发展规模效益型现代化大农业，粮食产量已连续6年稳定在700亿斤以上，人均粮食占有量、粮食商品率、粮食调出量及玉米出口量连续多年居全国首位。加快建设现代农业产业体系，大力培育"吉字号""长白山"品牌，吉林大米在全国的影响力不断提升，每年带动农民增收10亿元以上。加快建设现代农业生产体系，农业科技进步贡献率达到58.6%，农业装备机械化率达到87.5%，主要粮、油作物自主创新良种普及率达100%。加快建设现代农业经营体系，土地流转面积占家庭承包面积的比例为41.6%，家庭农场、农民合作社已发展到22万户。

坚定不移深化改革开放，发展活力动力明显增强。深入贯彻落实习近平总书记关于补齐体制机制短板的重要指示要求，大力推进体制机制创新，全面深化市场化改革，推动"无形之手"和"有形之手"相辅相成、相得益彰。着力优化营商环境，深入推进"放管服""只跑一次"改革，取消、放权比例达30%，行政审批中介服务事项削减64.3%，营商环境全国排名首次居第十二位，民营经济增加值占GDP比重达到52.3%。加快推动重点领域改革，党政机构改革全面完成，省国资委监管的重点国有企业已有64%完成混合所有制改革，国有林场由338个减少到89个。深度融入共建"一带一路"，大力发展外向型经济，加快推动汽车、轨道装备等优势产能走出去，一汽集团在海外建设14个生产基地16个整车组装项目，中车长客累计出口整车9500多辆、签约额超过120亿美元。深入实施长吉图开发开放战略，加快推动长吉一体化协同发展和长春公主岭同城化协同发展，积极推进中韩自由贸易区、珲春海洋经济创新发展示范区和示范城市建设，2018年全省进出口总额达到1362.8亿元，实际利用外资7.02亿美元。

坚定不移保障改善民生，人民生活不断改善。深入贯彻落实习近平总书记关于民生是"指南针"的重要指示要求，牢固树立以人民为中心的发展思想，坚持以打好三大攻坚战为重点，着力解决重点领域民生问题，提高广大群众获得感、幸福感、安全感。持续加大民生投入力度，坚持把新增财力的75%以上用于保障改善民生，每年承诺办好一批民生实事，改造各类棚户区9.5万套、农村危房5.9万户，解决37.6万户"无籍房"和1.4万户棚改逾期未安置问题。坚决打好防范化解重大风险攻坚战，全面排查化解各类重大风险和矛盾纠纷，确保社会大局和谐稳定。坚决打好精准脱贫攻坚战，着力解决"两不愁三保障"突出问题，全省贫困人口从2015年底的70万减少到2018年底的7.8万，贫困村累计退出1266个，3个国贫县、2个省贫县摘帽，贫困发生率由4.9%下降到0.5%。坚决打好污染防治攻坚战，深入贯彻习近平生态文明思想，突出抓水平提升、抓补齐短板、抓相得益彰，全面打响蓝天、碧水、青山、黑土地、草原湿地"五大保卫战"，吉林省西部恢复和改善自然湿地12万公顷，2018年地级以上城市空气质量优良天数比例达到90.3%。

坚定不移从严管党治党,政治生态持续优化。深入贯彻落实习近平总书记关于全面净化党内政治生态的重要指示要求,坚持党要管党、全面从严治党,扎实开展"不忘初心、牢记使命"主题教育,以新气象新担当新作为加快推进吉林振兴。坚持把党的政治建设摆在首位,连续三年召开8000余人参加的警示教育大会,教育广大党员干部坚决杜绝"七个有之"、牢记"五个必须"。出台《关于进一步激励全省广大干部新时代新担当新作为实施意见》,深入开展干部作风大整顿活动,坚决整治"四风"特别是形式主义、官僚主义,坚决调整一批、严肃处理一批、认真选树一批、大胆使用一批,着力解决为官不为、失职失责、不严不实不深不细问题,树立起责任担当的鲜明导向。

70年的辉煌成就,充分体现了中国共产党的领导和中国特色社会主义制度的无比优越性,也进一步坚定了吉林广大干部群众更加紧密地团结在以习近平同志为核心的党中央周围,沿着中国特色社会主义道路奋勇前进的决心和信心。站在新的历史起点,我们要高举习近平新时代中国特色社会主义思想伟大旗帜,始终牢记习近平总书记殷切嘱托,坚定不移走振兴发展新路,解放思想、转变思路,抓住机遇、跟上时代,重塑环境、重振雄风,加快形成营商环境好、创新能力强、生态环境优、发展活力足的振兴发展新局面。

扫码观看
《中国一分钟·吉林篇》

(《人民日报》2019年08月23日09版)

光辉的历程
——新中国成立70年的成就与启示

扎实推进辽宁全面振兴全方位振兴

中共辽宁省委书记　陈求发　辽宁省人民政府省长　唐一军

新中国成立70年来,在党中央的坚强领导下,辽宁发生了翻天覆地的变化,经济社会蓬勃发展、城乡面貌焕然一新、人民生活蒸蒸日上。辽宁振兴发展的成就是中华民族从站起来、富起来到强起来伟大飞跃的生动写照。

党的十八大以来,习近平总书记两次参加全国人大辽宁代表团审议,两次到辽宁考察调研,多次对辽宁工作作出重要指示批示,为辽宁振兴发展指明了前进方向、提供了根本遵循。

展望未来,全省上下将深入贯彻习近平新时代中国特色社会主义思想和党的十九大精神,认真落实习近平总书记在辽宁考察时和在深入推进东北振兴座谈会上重要讲话精神,瞄准方向、保持定力,扬长避短、发挥优势,重塑环境、重振雄风,加快推进辽宁全面振兴、全方位振兴。

70年波澜壮阔,70载砥砺前行。新中国成立70年来,在党中央的坚强领导下,辽宁发生了翻天覆地的变化,经济社会蓬勃发展、城乡面貌焕然一新、人民生活蒸蒸日上。辽宁振兴发展的成就是中华民族从站起来、富起来到强起来伟大飞跃的生动写照。

党的十八大以来,习近平总书记两次参加全国人大辽宁代表团审议,两次到辽宁考察调研,多次对辽宁工作作出重要指示批示,为辽宁振兴发展指明了前进方向、提供了根本遵循。辽宁认真贯彻习近平总书记重要讲话和重要指示批示精神，统筹推进"五位一体"总体布局，协调推进"四个全面"战略布局，坚定不移落实新发展理念和"四个着力""三个推进"，着力补齐"四个短板"，扎实做好"六项重点工作"，一手抓振兴发展，一手抓从严治党，迎难而上，砥砺奋进，辽宁振兴发展开创了新局面。

经济实力稳步提升。出台一二三产业供给侧结构性改革的意见，制定发展工业八大门类产业的政策，优化了要素资源配置，增强了市场主体活力。"三去一降一补"五大任务全面落实，"十三五"钢铁、煤炭去产能目标提前完成，房地产库存去化周期保持在合理区间，大规模减税降费有效降低了企业成本。加快推进"一带五基地"建设，坚持凤凰涅槃、腾笼换鸟，做好改造升级"老字号"、深度开发"原字号"、培育壮大"新字号"三篇大文章，加快新旧动能转换，多点支撑、多业并举、多元发展的产业发展新格局正在形成。深入实施"五大区域发展战略"，制定三年攻坚计划，区域发展协调性更强。2018 年，辽宁地区生产总值 2.53 万亿元，按可比价格计算，是 1952 年的 214 倍；人均地区生产总值 5.8 万元，按可比价格计算，是 1952 年的 94 倍；一般公共预算收入 2616 亿元，是 1952 年的 793 倍。

改革开放硕果累累。深入推进"放管服"改革。省级行政职权由 2015 年的 4283 项减少至 2019 年的 1594 项，一般性经营企业开办时间压缩到 3.5 个工作日以内。成立了全国首家省级营商环境建设监督局，率先出台《辽宁省优化营商环境条例》。《2018 年中国营商环境指数报告》显示，辽宁营商环境指数在全国省级行政区域中排名第九位。国资国企改革取得积极进展。2018 年，全省地方重点国有企业营业收入、利润分别增长 10.7%、40.4%。大刀阔斧推进地方机构改革，全省 1174 个经营性事业单位改制组建为企业集团，27514 个公益性事业单位优化整合为 2366 个，精简幅度达 92%。县乡财政体制改革成效明显。去年全省乡镇一般公共预算收入同比增长 24.4%。民营经济不断发展壮大。制定 23 条支持民营企业加快发展的政策，实现"个转企"11850 户、"小升规"669 户。开放之门越开越大。出台以全面开放引领全面振兴的40条意见，深度融入共建"一带一路"，积极参与东北亚经济合作，全力打造"一体两翼"开放新格局，辽宁自贸区开放平台作用日益彰显，中欧班列联通了辽宁与世界，实现了向海发展的华丽转身。

创新创业活力迸发。制定科技强省实施意见，推动科研"三评"改革，促进科技成果"三权"下放，科技体制改革不断深化。去年全省科学研究与试验发展经费支出达438.2亿元，攻克55项关键核心技术，22项成果获国家科技奖，科技成果省内转化率达53.8%。沈大国家自主创新示范区、沈阳全面创新改革试验区等重大平台建设效果明显，沈阳材料科学国家研究中心、中科院机器人与智能制造创新研究院正式揭牌。设立百亿元创业投资引导基金，完善创业各类要素，鼓励以创业带动就业，深入实施高校毕业生就业创业促进计划和基层成长计划，去年全省新登记市场主体66万户，新增高新技术企业超过1000家，规模以上高新技术产品增加值增长32.7%，科技进步对经济增长贡献率达55.5%。

民生保障再谱新篇。牢固树立以人民为中心的发展理念，连续多年将财政支出的75%以上用于民生改善，将振兴发展成果惠及更多群众。实施促进城乡居民和各类群体收入增长三年行动计划，2018年城乡居民人均可支配收入达到37342元和14656元，分别为1978年的103倍和79倍，人民生活水平发生着从"解决温饱"到"总体小康"，再到即将实现"全面小康"的历史性跨越。基本养老金十五连涨，实现了按时足额发放。就业连续多年每年都能实现新增实名制就业40万以上。学前教育普惠率达72%，高中阶段毛入学率达99%。数百万群众通过棚户区改造喜迁新居。扎实推进脱贫攻坚，贫困人口由2014年底的126万减少到2018年底的13.02万，贫困发生率由5.4%下降到0.6%。实行"三管齐下"，强力推进雾霾治理，2018年大气优良天数296天、比例达到81%。通过狠抓突出生态环境问题治理，辽宁的天更蓝了，水更清了，山更绿了，人民群众的获得感、幸福感、安全感更强了。

从严治党纵深推进。坚持把政治建设摆在首位,深入开展"不忘初心、牢记使命"主题教育,全省党员干部的"四个意识"更加牢固,"四个自信"更加坚定,"两个维护"更加自觉。严肃政治纪律政治规矩,坚决肃清薄熙来、王珉和辽宁系统性拉票贿选问题恶劣影响。坚持优选优培优用干部,真正把好干部及时发现出来、精心培养起来、合理使用起来。坚持严管和厚爱结合、激励和约束并重,制定《关于激励干部新时代新担当新作为的实施意见》,干部的作风好了,干事创业的精气神足了。出台基层党建三年行动计划,选派1.2万名干部到乡村任职,不断夯实基层基础。持之以恒正风肃纪反腐,开展问题线索大起底,严查扶贫领域、涉黑涉恶等群众身边腐败问题,切实减存量、遏增量,反腐败斗争压倒性态势得到巩固发展,风清气正的政治生态正在形成。

党的十八大以来辽宁各方面成就的取得,根本在于以习近平同志为核心的党中央坚强领导和习近平新时代中国特色社会主义思想科学指引。展望未来,全省上下将深入贯彻习近平新时代中国特色社会主义思想和党的十九大精神,认真落实习近平总书记在辽宁考察时和在深入推进东北振兴座谈会上重要讲话精神,瞄准方向、保持定力、扬长避短、发挥优势,重塑环境、重振雄风,加快推进辽宁全面振兴、全方位振兴。

扫码观看
《中国一分钟·辽宁篇》

(《人民日报》2019年08月26日09版)

光辉的历程
——新中国成立70年的成就与启示

奋力开创黑龙江振兴发展新局面

中共黑龙江省委书记　张庆伟　黑龙江省人民政府省长　王文涛

新中国成立以来,在党中央坚强领导下,黑龙江广大干部群众励精图治,艰苦创业,经济社会发展取得令人瞩目的伟大成就,城乡面貌发生了翻天覆地的巨大变化。

站在新的历史起点上,我们要高举习近平新时代中国特色社会主义思想伟大旗帜,深入贯彻落实党中央决策部署,以新气象新担当新作为开创振兴发展新局面,以优异成绩庆祝新中国成立70周年。

70年砥砺奋进,70年硕果累累。新中国成立以来,在党中央坚强领导下,黑龙江广大干部群众弘扬东北抗联精神、北大荒精神、大庆精神和铁人精神,励精图治,艰苦创业,在亘古荒原上开垦出中华大粮仓,打造了世界级大油田,建设了一批大型国有企业,筑起了拱卫中国北方重要的生态屏障,为国家建设和发展作出了突出贡献。与新中国成立之初相比,全省地区生产总值增长122.1倍,工业增加值增长325.1倍,公共财政收入增长227.9倍,城乡居民收入分别增长148.7倍和100.5倍,经济社会发展取得令人瞩目的伟大成就,城乡面貌发生了翻天覆地的巨大变化。

党中央对黑龙江改革发展始终高度重视。党的十八大以来,习近平总书记两次亲临黑龙江视察指导,作出重要指示,为新时代黑龙江振兴发展指明了前进方向、提供了根本遵循。我们坚持以习近平新时代中国特色社会主义思想为指导,深入贯彻落实习近平总书记在深入推进东北振兴座谈会上的重要讲话和对黑龙江省工作重要指示精神，解放思想、凝心聚力、深化改革、扩大开放，坚决打好"三大攻坚战"，全面建设小康社会，向着全面振兴、全方位振兴目标不断奋勇前进。

坚持把转方式调结构作为振兴发展的重中之重，着力构建现代产业新体系。深入贯彻新发展理念，聚焦经济建设这个中心，大力发展实体经济，构建实体经济、科技创新、现代金融、人力资源协同发展的现代产业体系，努力推动经济高质量发展。落实供给侧结构性改革"八字方针"，扎实做好"三篇大文章"，着力抓好"油头化尾""煤头电尾""煤头化尾"，油城、煤城、林城转型发展成效明显。全力推进工业强省建设，实施"百千万"工程，加快"百大项目"建设，加快构建多点支撑、多业并举、多元发展的产业发展新格局。深入实施创新驱动发展战略，加快建设科教强省，高技术制造业增加值年均增长6.9%。大力发展现代服务业，推进旅游强省建设，叫响"北国好风光、尽在黑龙江"旅游品牌，金融、物流、新一代信息技术等产业蓬勃兴起，第三产业占GDP比重达到57.1%。

坚持把发展现代农业作为振兴发展的重要内容，着力释放绿色发展新优势。始终牢记习近平总书记关于"中国粮食""中国饭碗"重要嘱托，坚持农业农村优先发展，大力实施乡村振兴战略，当好农业现代化建设排头兵和维护国家粮食安全的"压舱石"。提升农业综合生产能力，推进亿亩生态高标准农田建设，加快发展绿色有机农业，2018年粮食总产1501.4亿斤、连续8年位居全国第一，绿色有机食品认证面积达到8046万亩，肉蛋奶产量位居全国前列。积极推动农村一二三产业融合发展，以"粮头食尾""农头工尾"为抓手，把食品和农产品精深加工业打造成第一支柱产业，规模以上农副产品加工业增加值年均增长8.5%。深入推进现代农业综合配套改革，农村土地制度、集体产权、金融保险、社会化服务等改革扎实推进，新型农业经营主体超过20万个。开展农村人居环境整治三年行动，推动"厕所革命""垃圾革命""能源革命""菜园革命"，农村生产生活条件明显改善。树牢绿色发展理念，加快推进生态强省建设，落实河长制，保护黑土地，严控秸秆露天焚烧，持续打好蓝天、碧水、净土保卫战，2018年全省空气优良天数达93.1%。

坚持把深化改革开放作为振兴发展的强大动力，着力完善市场经济新体制。坚持目标引领和问题导向，加大重点领域和关键环节改革攻坚力度。在全省开展解放思想推动高质量发展大讨论，着力破除陈旧思想观念和体制机制弊端。深化"放管服"改革，非行政审批事项全部取消，推动"办事不求人"。在深化国有企业改革上求突破，北大荒农垦集团总公司、龙江森工集团、伊春森工集团挂牌成立，伊春部分行政区划调整获得国务院批复，闯出企业化、市场化转型发展新路子。推进国有资本战略性重组，组建省级七家产业投资集团，推动从"管企业"到"管资本"的转变。大力发展非公有制经济，民间投资稳定增长，非公经济占GDP比重超过50%。扎实推进其他各领域改革，地方机构改革顺利完成，全省事业单位机构精简46%、编制精简30%，司法体制、社会体制、文化体制、党的建设等领域改革取得重要成果。深度融入"一带一路"和中蒙俄经济走廊建设，突出"打造一个窗口，建设四个区"的功能定位，加快建设跨境基础设施，充分发挥哈尔滨新区、绥芬河—东宁重点开发开放试验区、境内外园区等开放平台作用，2018年实现对俄进出口总额1220.6亿元，居全国首位。

坚持把保障和改善民生作为振兴发展的重要工作，着力满足人民美好生活新需求。树立以人民为中心的发展思想，坚守保障人民基本生活的底线，向群众最关切的问题聚焦发力，让人民群众有更多的获得感幸福感安全感，2018年城乡常住居民人均可支配收入分别增长6.4%和9%。举全省之力打好脱贫攻坚战，贫困人口降至11.8万，贫困发生率降至0.65%，今年可实现国家级贫困县全部摘帽。多措并举扩大就业、鼓励创业，基本建立覆盖城乡居民的社会保障体系，医保参保率达到97.9%，社保基本实现法定参保人群全覆盖。推进保障性安居工程建设，完成采煤沉陷区搬迁改造任务，让560万城乡居民住上了新房子、暖屋子。大力发展各项社会事业，加快推进文化强省建设，义务教育巩固率、高中阶段毛入学率、高等教育毛入学率高于全国平均水平，人民健康和医疗卫生水平大幅提升。创新和完善社会治理体系，推进法治黑龙江建设，深入开展扫黑除恶专项斗争，着力解决群众合理合法利益诉求，扎实做好安全生产工作，社会保持和谐稳定。

坚持把改进干部作风作为振兴发展的重要保障，着力开创从严治党新局面。贯彻新时代党的建设总要求，强化管党治党政治责任，不忘初心、牢记使命，着力打造素质过硬、作风扎实、敢于担当的干部队伍，推动全面从严治党向纵深发展。坚持把政治建设摆在首位，推动学习贯彻习近平新时代中国特色社会主义思想走深走心走实，教育引导党员干部增强"四个意识"、坚定"四个自信"、做到"两个维护"。严格按照好干部标准选人用人，坚持严管与厚爱相结合，充分调动干部积极性、主动性、创造性。驰而不息整顿作风优化营商环境，出台《黑龙江省优化营商环境条例》，坚决查处破坏发展环境的人和事，坚决整治形式主义、官僚主义，形成了尊商重商亲商安商的浓厚氛围，一大批投资者到黑龙江投资兴业。始终保持反腐败高压态势，用好监督执纪"四种形态"，开展对市（地）和省直部门政治生态建设成效考核，严肃查处腐败案件和群众身边的不正之风问题，努力营造风清气正的政治生态。

站在新的历史起点上，我们要高举习近平新时代中国特色社会主义思想伟大旗帜，以开展"不忘初心、牢记使命"主题教育为契机，深入贯彻落实党中央决策部署，以新气象新担当新作为开创振兴发展新局面，以优异成绩庆祝新中国成立70周年！

扫码观看
《中国一分钟·黑龙江篇》

（《人民日报》2019年08月27日09版）

> 光辉的历程
> ——新中国成立70年的成就与启示

努力创造新时代上海发展新传奇

中共上海市委书记 李强 上海市人民政府市长 应勇

上海作为党的诞生地、伟大梦想的启航地,在党中央的坚强领导下,与祖国同行,与时代同步,实现了翻天覆地的巨大变化,取得了举世瞩目的辉煌成就。

在新的长征路上,我们决心在以习近平同志为核心的党中央坚强领导下,锐意进取、开拓创新、接续奋斗,为实现"两个一百年"奋斗目标和中华民族伟大复兴的中国梦、为创造上海更加美好的明天不懈奋斗。

新中国成立70年来,党带领我们国家实现从落后时代到赶上时代、引领时代的伟大跨越,带领中华民族迎来了从站起来、富起来到强起来的伟大飞跃。上海作为党的诞生地、伟大梦想的启航地,在党中央的坚强领导下,与祖国同行,与时代同步,实现了翻天覆地的巨大变化,取得了举世瞩目的辉煌成就。特别是党的十八大以来,全市上下坚持以习近平新时代中国特色社会主义思想为指导,深入贯彻习近平总书记对上海工作重要指示要求,深入贯彻落实党中央各项决策部署,加快建设国际经济、金融、贸易、航运、科技创新"五个中心",加快建设具有世界影响力的社会主义现代化国际大都市,推动各项事业发展迈上新台阶。

综合实力持续跃升。1949年,全市生产总值和人均生产总值只有20.28亿元和274元。2018年,全市生产总值32680亿元;人均生产总值13.5万元;一般公共预算总收入达1.76万亿元,以不到全国1‰的土地,贡献了全国近 1/10 的税收。以大飞机、中国芯、创新药、智能造、未来车等为代表，上海科技水平和产业体系具备了代表国家参与国际竞争的实力。

城市功能脱胎换骨。解放初期，全市只有 44 条公交线。经过 70 年建设发展，大桥飞架、机场落成、地铁穿行、高铁飞驰。全市公交线路 1543 条，高速公路和城市快速路超过 1000 公里，轨道总里程突破 700 公里，跃居世界城市首位，一个枢纽型、功能性、网络化的基础设施体系初步形成。更重要的是，上海综合服务功能和集聚辐射能力不断增强，去年口岸货物进出口总额 1.29 万亿美元，跃居世界城市首位；港口集装箱吞吐量 4200 万标箱，连续 9 年位居世界城市首位；航空旅客吞吐量 1.17 亿人次，位居全球第四；金融市场交易额超过 1600 万亿元，成为世界上要素市场最齐备、中外资金融机构最集聚的城市之一。

人民生活极大改善。解放初期，全市人均住房面积只有 3.9 平方米，人均期望寿命不到 40 岁，人均绿化面积只有"一双鞋"大小。2018 年，全市居民人均可支配收入为 6.4 万元，人均期望寿命提高到 83.63 岁，人均住房建筑面积提高到 36.7 平方米，人均绿化面积提高到 8.2 平方米。从无到有建立起覆盖城乡居民的社会保障体系，不断加大优质文化供给，着力改善生态环境，统筹推进底线民生、基本民生、质量民生。今天的上海，传统和现代交相辉映，城市和乡村融合发展，"城市，让生活更美好"的愿景正成为现实。

70 年来，上海干部群众谱写了社会主义现代化建设事业的壮丽诗篇，演绎了中国特色社会主义的生动实践，使上海成为我国改革开放的前沿窗口。今天，一个风华正茂的上海，一个日新月异的上海，正焕发出蓬勃的生机活力，展现出令人鼓舞的发展前景。开放、创新、包容已经成为上海最鲜明的城市品格，意气风发的上海人民正日益展现出海纳百川、追求卓越、开明睿智、大气谦和的精神风貌。

中国特色社会主义进入新时代，以习近平同志为核心的党中央为上海发展标识了新的方位，赋予了新的使命，开启了新的征程。踏上新的长征路，我们要以习近平新时代中国特色社会主义思想为指导，坚持面向世界、面向未来，坚持对标国际最高标准、最好水平，推动高质量发展、创造高品质生活，奋力书写新时代上海发展新传奇，当好全国改革开放排头兵、创新发展先行者。

新时代新征程，我们要勇担国家战略，全面落实重大任务。上海是全国最大的经济中心城市，必须始终牢记总书记的重要指示要求，切实增强大局意识、全局观念，把上海未来发展放在中央对上海发展的战略定位上、放在经济全球化的大趋势下、放在全国发展的大格局中、放在国家对长江三角洲区域发展的总体部署中来思考和谋划，并将这"四个放在"作为做好一切工作的基点，跳出上海看上海，立足全国看上海，在服务全国中发展上海。我们要按照"一体化""一盘棋"要求，发挥龙头带动作用，加强分工合作，与苏浙皖共同推进长三角更高质量一体化发展，打造全国发展强劲活跃增长极。我们要把上海自贸试验区新片区打造成为更具国际市场影响力和竞争力的特殊经济功能区，把长三角生态绿色一体化发展示范区打造成为贯彻新发展理念的新标杆、一体化体制机制的试验区、引领长三角更高质量一体化的新引擎，形成新片区和示范区带动上海一东一西"两翼齐飞"的发展格局，更好发挥对内、对外开放"两个扇面"的枢纽作用。我们要通过在上交所设立科创板并试点注册制，打通金融资源服务科技创新的通道，促进上海国际金融中心和科创中心联动发展。我们要把中国国际进口博览会打造成为服务全国全球的进口商品集散地，加快贸易升级和消费升级。

新时代新征程，我们要坚持解放思想，推动改革开放再出发。面对世界百年未有之大变局，我们必须准确识变、科学应变、主动求变，坚持以开放倒逼改革，把改革开放向纵深推进。我们要推进更高起点的深化改革，坚持以经济体制改革为牵引，强化改革系统集成，全力抓好司法体制、教育、卫生、群团、国资国企等各领域重大改革，推进治理体系和治理能力现代化，激发市场活力和社会创造力。我们要推进更高层次的扩大开放，积极服务"一带一路"建设等国家战略，加快探索新的开放规则，持续放宽市场准入，加快建立开放型经济新体制。改革开放从来不会一帆风顺，越到攻坚关口，我们越要勇往直前，敢于挑最重担子、啃难啃骨头，发挥开路先锋、示范引领、突破攻坚的作用。

新时代新征程，我们要聚焦第一要务，着力推动高质量发展。上海推动高质量发展，实现质量变革、效率变革、动力变革，关键就是加快建设国际经济、金融、贸易、航运、科技创新"五个中心"，全面打响"上海服务""上海制造""上海购物""上海文化"四大品牌，加快提升城市能级和核心竞争力。我们要统筹城市形态与功能，在加快基础设施建设、推进城市有机更新、加强精细化管理的同时，加快新旧动能转换，培育集成电路、人工智能、生物医药等重点产业，着力提高经济密度和投入产出效率，着力增强全球资源配置能力，着力增强创新策源能力。我们要统筹硬实力与软实力，在增强经济、科技等硬实力的同时，加快营造国际一流的营商环境、公平正义的法治环境、充满魅力的人文环境。我们要统筹经济发展与民生改善，在坚持以经济建设为中心的同时，下更大力气解决好养老服务、幼儿托育、旧区改造、乡村振兴等突出问题，让广大市民分享经济发展的红利，让工作生活在这座城市的人们更加幸福。

新时代新征程，我们要抓牢最大责任，不断深化全面从严治党。把上海事业推向前进，关键在于坚持党要管党、全面从严治党。我们要切实加强党的政治建设，增强"四个意识"，坚定"四个自信"，坚决做到"两个维护"。我们要坚持以习近平新时代中国特色社会主义思想武装头脑、指导实践、推动工作，始终做到不忘初心、牢记使命。我们要践行新时代党的组织路线，建设充满激情、富于创造、勇于担当的高素质专业化干部队伍，把全市各级党组织建设得更加坚强有力。我们要持续改进作风，以刀刃向内、自我革命的决心和勇气，不断增强自我净化、自我完善、自我革新、自我提高的能力，永葆旺盛生命力和强大战斗力。

70年来，上海和祖国一道，在历史前进的逻辑中前进，在时代发展的潮流中发展。在新的长征路上,我们决心在以习近平同志为核心的党中央坚强领导下,锐意进取、开拓创新、接续奋斗,为实现"两个一百年"奋斗目标和中华民族伟大复兴的中国梦、为创造上海更加美好的明天不懈奋斗。

扫码观看
《中国一分钟·上海篇》

(《人民日报》2019年08月28日09版)

探索开启基本实现现代化新征程

中共江苏省委书记　娄勤俭　江苏省人民政府省长　吴政隆

新中国成立70年特别是改革开放以来,江苏各方面都发生了翻天覆地的变化,走在全国发展的前列。

在以习近平同志为核心的党中央坚强领导下,在习近平新时代中国特色社会主义思想的指引下,江苏一定能够探索出一条具有中国特色、时代特征、以"强富美高"为鲜明标识的现代化路径,在中华民族由"富起来"到"强起来"的历史进程中作出江苏贡献!

新中国成立70年特别是改革开放以来,江苏各方面都发生了翻天覆地的变化,走在全国发展的前列。"为全国发展探路",是党中央对江苏的一贯要求。习近平总书记2014年视察江苏时,勉励我们在扎实做好全面建成小康社会各项工作的基础上,积极探索开启基本实现现代化建设新征程这篇大文章。进入新时代,处在"两个一百年"奋斗目标继往开来的历史方位,江苏以怎样的姿态和努力,做好习近平总书记强调的"这篇大文章",为全国发展探路、为国家作出更大贡献、续写新的时代辉煌,是我们必须回答好的课题。

第一,我们致力高水平全面建成小康社会,为现代化新征程奠定一个更高的起点、更扎实的基础。小康和现代化,发展阶段、发展目标不同,但实践过程是有机衔接、迭加推进的。当前,我们工作的主要精力,就是以"高水平"为鲜明导向,扎扎实实提高全面建成小康社会质量和水平,确保成果经得起实践、人民、历史检验。

党的十八大提出,到 2020 年实现国内生产总值和城乡居民人均收入比 2010 年翻一番。对照这个标准,江苏已经在省内提前实现,并基本消除绝对贫困,正着力解决相对贫困问题,精准帮扶年收入 6000 元以下的低收入人口。我们没有匆匆忙忙往基本现代化赶、避免将来再回过头来补课,扎实补短板强弱项,坚决防止低收入人口年收入低于脱贫标准、适龄儿童在义务教育阶段因贫失学、群众因病致贫返贫和住着危房"被小康"现象的发生。

小康代表着几千年来人们对美好生活的向往。我们推动民生事业全面发展,在可感可知的民生实事上下功夫,让老百姓真真切切增强获得感。居民人均可支配收入去年达到 3.8 万元,城乡基本养老保险、基本医疗保险参保率均达到 97.8%,平均预期寿命超过 78 岁,群众安全感达 97.6%,义务教育优质均衡、现代职业教育、"双一流"和高水平大学建设走在全国前列。同时,越来越多的城市书房、创意工坊、绿色客厅,让人民群众的生活更有品质。

南北发展不平衡是江苏比较突出的矛盾。高水平全面建成小康社会,关键看苏北。经过多年努力,现在的苏北大地正展现出全面小康的美好形态。我们认真实施乡村振兴战略,着眼于"四化"同步发展,重构城乡关系、提升发展水平,一大批公共服务功能完善、富有当地民居特色的新型农村社区正在建成,越来越多的农民群众过上了与时代同步的现代城镇生活。

第二,我们致力推动高质量发展走在前列,让现代化新征程支撑更强、步伐更稳健。推动高质量发展,是全面建设社会主义现代化国家的必然要求。党的十九大后,我们围绕总书记提出的"经济强、百姓富、环境美、社会文明程度高"要求,确立了"高质量发展走在前列"的目标定位,明确了经济发展、改革开放、城乡建设、文化建设、生态环境、人民生活"六个高质量"的实践路径,低调务实不张扬、撸起袖子加油干,努力把总书记描绘的美好蓝图变成生动的现实图景。

在这方面，我们正在加快建设并初步形成几个特点：一是既切实保持规模总量的持续平稳增长，又着力实现质量结构效益的加快提升。在经济体量迈上9万亿元台阶的同时，一般公共预算收入突破8500亿元，科技进步贡献率达63%，高新技术产业占工业比重达到43.8%。二是既建设全国最大规模的制造业集群，又始终把粮食生产的饭碗牢牢端在自己手上。有六大行业营收都超过万亿元，新产业新业态蓬勃发展。农业现代化水平走在全国前列，粮食总产多年稳定在700亿斤，实现自我保障，习近平总书记指出"这对一个东部沿海省份来说很不简单"。三是既成为民营经济蓬勃发展的热土，又打造国际化营商环境的高地。"不见面审批"、知识产权保护服务成为江苏营商环境的名片，市场主体突破900万户，世界500强企业中有389家落户江苏，剑桥、牛津、帝国理工、斯坦福、清华、北大等大批世界名校在江苏设立技术开发和转移服务机构。在中美经贸摩擦加剧的情况下，上半年进出口总额3054亿美元，占全国的1/7；实际利用外资152.5亿美元，继续保持全国第一。四是既可享受现代化的都市生活，又能领略新时代乡村的美丽风光。江苏拥有全国最密集、国际化程度高、大中小城市协调发展的城市群，城市功能和品位不断提升。同时，特色田园乡村和美丽宜居村庄遍布全省，"到乡村去"成为很多人出游和生活的选择。

第三，我们把握经济全球化与区域发展一体化规律，使现代化新征程视野更宽、道路更开阔。我们应当有更大的胸怀和格局，推进江苏的现代化探索，努力建设好"长三角的江苏"，积极主动服务上海、携手浙皖，与兄弟省市共同承担起长三角区域高质量一体化发展的国家使命；建设好"中国的江苏"，坚守实体经济、推动创新发展，加强同长江中上游地区协作配合，更好地承担起经济增长"稳定器"和高质量发展"助推器"作用；建设好"世界的江苏"，以"一带一路"交汇点建设为统揽，推动全方位高水平对外开放，形成江苏发展的全球竞争力和世界影响力。

光辉的历程
——新中国成立70年的成就与启示

　　我们坚信,在以习近平同志为核心的党中央坚强领导下,在习近平新时代中国特色社会主义思想的指引下,江苏一定能够探索出一条具有中国特色、时代特征、以"强富美高"为鲜明标识的现代化路径,在中华民族由"富起来"到"强起来"的历史进程中作出江苏贡献!

扫码观看
《中国一分钟·江苏篇》

(《人民日报》2019年08月29日09版)

干在实处 走在前列 勇立潮头

中共浙江省委书记 车俊 浙江省人民政府省长 袁家军

新中国成立70年来,在党中央的坚强领导下,勤劳、勇敢、智慧的浙江儿女干在实处、走在前列、勇立潮头,创造了一个个"无中生有""有中生奇""又好又快"的发展奇迹。

浙江认真学习贯彻习近平新时代中国特色社会主义思想,坚定不移沿着"八八战略"指引的路子走下去,以新的精神状态和奋斗姿态把中国特色社会主义在浙江的生动实践不断推向前进。

新中国成立70年来,在党中央的坚强领导下,勤劳、勇敢、智慧的浙江儿女干在实处、走在前列、勇立潮头,创造了一个个"无中生有""有中生奇""又好又快"的发展奇迹,推动浙江实现了从一穷二白到经济大省、从绝对贫困到全面小康、从百废待兴到创新创业的"三个历史性转变"。2018年,全省生产总值56197亿元、人均生产总值98643元,按可比价格计算,比1949年分别增长610倍和201倍;财政总收入11706亿元,比1949年增长26012倍;城乡居民人均可支配收入分别为55574元和27302元,比1949年增长478倍和580倍。在这70年的发展历程中尤其值得珍惜的是,2003年7月时任浙江省委书记习近平同志在深入调研、深邃思考的基础上,作出了"八八战略"的重大决策部署,为浙江赢得战略主动、抢占历史机遇、推动改革发展提供了根本遵循。党的十八大以来,习近平总书记又对浙江工作提出了一系列重要指示要求,赋予浙江"干在实处永无止境，走在前列要谋新篇，勇立潮头方显担当"的新期望，为浙江新时代续写"八八战略"这篇大文章指明了前进方向。这些年来，我们认真学习贯彻习近平新时代中国特色社会主义思想，坚定不移沿着"八八战略"指引的路子走下去，以新的精神状态和奋斗姿态把中国特色社会主义在浙江的生动实践不断推向前进。

一是深入实施数字经济"一号工程"，经济迈入高质量发展的轨道。制定实施科技、人才、投资三大举措，加快建设杭州城西科创大走廊、G60科创走廊等科创平台，成立之江实验室、西湖大学，打造"互联网+"和生命健康两大科创高地，传统产业加快改造提升，战略性新兴产业蓬勃发展。2018年，数字经济增加值达2.33万亿元，占全省生产总值的41.5%。实打实给企业减负降本，国有企业和民营企业在浙江如同鸟之两翼、车之两轮，共同支撑和推动了浙江经济发展。

二是以"最多跑一次"改革为牵引，各领域各方面改革全面发力、多点突破、纵深推进。目前，已经实现省市县三级"最多跑一次"事项100%全覆盖，"最多跑一次"的实现率、满意率分别为90.6%和96.5%，正在努力使"跑一次是底线、一次不用跑成为常态、跑多次是例外"早日变为现实。深化投资项目审批制度改革，全面实施企业对标竞价"标准地"制度，一般企业投资项目开工前审批实现"最多跑一次、最多100天"。深化医疗卫生服务领域"最多跑一次"改革，全省医院高峰期挂号现场排队平均时间从改革前的8.26分钟减少到3.81分钟，门诊智慧结算率从56.07%上升到79.08%。全面深化"亩均论英雄"改革，实施凤凰行动、雄鹰行动、雏鹰行动。2018年，全省规模以上工业企业亩均税收达到28万元，亩均增加值达到104.7万元。

三是充分释放"一带一路"建设及长江经济带发展、长三角一体化发展等战略叠加效应，在更大范围、更广领域、更高层次上构建全面开放新格局。加快打造"一带一路"重要枢纽，部署实施对外开放"十大举措"。中国（浙江）自贸试验区建设全面提速，89项改革任务100%启动，民营绿色石化基地一期2000万吨炼化项目进展顺利，首家原油非国营贸易企业资质和配额获批。全面实施浙江省推进长三角区域一体化发展行动方案，全省域全方位推进长三角高质量一体化发展。

四是统筹推进城乡一体化发展，山海呼应、区域均衡、城乡融合发展的格局进一步巩固。深入推进新型城市化建设，大力提升杭州、宁波、温州和金华—义乌四大都市区能级，县域经济正加快向城市经济、都市区经济转型。2018年，全省城市化率为68.9%。大力实施乡村振兴战略，深入实施山海协作工程，深化中心镇培育工程和小城市培育试点工作，全面推进统筹城乡综合配套改革，加快构建省域、市域、城区三个"1小时交通圈"，城乡之间融合发展、区域之间联动发展呈现良好态势。2018年，浙江城乡居民人均收入比为2.04∶1。

五是大力弘扬红船精神、浙江精神，文化自信、文化活力、文化软实力不断增强。牢牢掌握意识形态工作领导权，深入践行社会主义核心价值观，大力推进"最美浙江人"主题宣传，全面推行"礼让斑马线"文明行动，涌现出以"最美妈妈""最美司机"为代表的"最美群体"。加快推进浙东唐诗之路、钱塘江唐诗之路、瓯江山水诗之路、大运河诗路"四条诗路"和之江文化产业带建设。2018年，全省5705家规模以上文化及相关特色产业企业营业收入10091亿元，增长12.3%。深入实施第二期浙江文化研究工程，启动浙江省之江文化中心建设，全省拥有江郎山、西湖、大运河（浙江段）、良渚古城遗址等4处世界遗产。

六是全面深化法治浙江、平安浙江建设，地方治理高效有序、社会和谐安定、人民安居乐业。坚持新增财力七成以上用于民生支出，每年通过省人代会确定十方面民生实事，把钱用在刀刃上、把实事办在群众心坎上。坚持发展新时代"枫桥经验"，在全省范围内加快打造一站式服务、就地解决矛盾纠纷的县级社会治理综合服务中心，努力使企业和群众有矛盾纠纷需要化解时"最多跑一地"。深入开展扫黑除恶专项斗争，扎实做好食品安全、安全生产、防台防汛等工作。

七是积极践行"绿水青山就是金山银山"理念，浙江大地山更绿、水更清、风景更秀丽。全省域建设大花园，高水平建设"四好农村路"，深化小城镇环境综合整治行动和"大棚房"问题专项清理整治行动，全面推动"厕所革命""垃圾革命""污水革命"，大力推进美丽城镇建设，加快打造美丽乡村建设升级版。2018年9月，浙江"千村示范、万村整治"工程获联合国"地球卫士奖"。全面打响蓝天保卫战、碧水行动、净土行动、清废行动等重大战役。

八是加快清廉浙江建设，全面从严治党向纵深发展、向基层延伸、向每个支部和党员覆盖。组织开展"大学习大调研大抓落实"和"服务企业服务群众服务基层"活动，推动全省党员干部思想大解放、行动大担当、作风大改进。把担当作为干部搞得香香的，对不担当、不作为干部坚决调整，对受到不实举报的担当作为干部及时澄清保护。全面部署实施新一轮农村党建"整乡推进、整县提升"工作，高标准落实农村基层党建"浙江二十条"，持续打好消除集体经济薄弱村攻坚战，完善村务监督、村民说事、小微权力清单等基层治理机制。紧盯腐败现象的新变种新情况，开展领导干部违规兼职取酬问题集中督查，开展领导干部房产违规交易和违规借贷专项治理，做到反腐败无禁区、全覆盖、零容忍。

浙江发生的全面深刻变化、影响深远变化、鼓舞人心变化，是新中国成立70年来伟大成就的缩影，生动诠释了中国共产党人为中国人民谋幸福、为中华民族谋复兴的初心和使命。在新时代长征路上，我们将紧密团结在以习近平同志为核心的党中央周围，自觉践行"干在实处永无止境，走在前列要谋新篇，勇立潮头方显担当"的新期望，奋力推进"八八战略"再深化、改革开放再出发，以优异成绩庆祝新中国成立70周年！

下编　壮丽 70 年·奋斗新时代
——伟大的成就　时代的辉煌

扫码观看
《中国一分钟·浙江篇》

(《人民日报》2019 年 08 月 30 日 09 版)

光辉的历程
——新中国成立70年的成就与启示

奋力建设机制活产业优百姓富生态美的新福建

中共福建省委书记　于伟国　福建省人民政府省长　唐登杰

新中国成立以来，福建发生了翻天覆地变化，从经济发展相对落后省份迈入先进行列，从交通闭塞之地变成通达世界便捷之地，从绝对贫困变成小康富裕，谱写了社会主义建设的光辉篇章。

我们深入学习贯彻习近平新时代中国特色社会主义思想，贯彻落实习近平总书记对福建工作的重要讲话重要指示批示精神，坚持稳中求进工作总基调，坚持新发展理念，坚持以供给侧结构性改革为主线，全力推动高质量发展。

新中国成立以来，福建发生了翻天覆地变化，从经济发展相对落后省份迈入先进行列，从交通闭塞之地变成通达世界便捷之地，从绝对贫困变成小康富裕，谱写了社会主义建设的光辉篇章。全省地区生产总值、财政总收入、城镇居民人均可支配收入、农村居民人均纯收入分别由新中国成立初期的12.73亿元、2.2亿元、106元、69.97元，提高到2018年的3.58万亿元、5045亿元、42121元、17821元。

这些进步和变化，都是在党中央的坚强领导下取得的。习近平总书记在福建工作17年半，为福建改革开放和现代化建设倾注了心血。党的十八大以来，习近平总书记亲自为福建擘画了建设"机制活、产业优、百姓富、生态美"新福建的宏伟蓝图。在今年参加十三届全国人大二次会议福建代表团审议时，习近平总书记进一步对新时代新福建建设提出新希望、新要求。我们深入学习贯彻习近平新时代中国特色社会主义思想，贯彻落实习近平总书记对福建工作的重要讲话重要指示批示精神，坚持稳中求进工作总基调，坚持新发展理念，坚持以供给侧结构性改革为主线，全力推动高质量发展。2012年以来，全省地区生产总值年均增长9.1%，目前，总量跃居全国第十；人均生产总值从5.3万元增加到9.1万元，升至全国第六；实现了市市通动车、县县通高速、镇镇通干线、村村通客车；森林覆盖率提升到66.8%，长期保持全国第一。一个经济高素质、生态高颜值的新福建正蓬勃发展。

聚焦"机制活"，全力打造改革开放"新高地"。向改革开放要动力。我们牢记习近平总书记重要要求，以"再出发"的信心决心推进新一轮改革开放。持续推进供给侧结构性改革。深入实施"三去一降一补"，落实"八字方针"，钢铁、煤炭去产能超额完成国家任务，去年民间投资对全省投资增长贡献率达94.9%。持续深化重点领域和关键环节改革。"放管服"、国资国企、财税金融、农业农村等重点领域改革取得新的突破。营商环境不断优化，福建成为行政审批事项最少的省份之一。持续拓展对外开放新优势。发挥经济特区、自由贸易试验区、综合实验区、21世纪海上丝绸之路核心区等多区叠加优势，加快建设开放型经济新体制。在闽世界500强企业有150多家，外资企业超过5.8万家。自贸试验区率先实施"三证合一、一照一码"登记模式，27项首创举措在全国复制推广。开通"丝路海运"航线50条，台闽欧班列实现"海丝"与"陆丝"的无缝对接。着力打造台胞台企在大陆发展的第一家园。发挥对台独特优势，大力推进"新四通"和与金门、马祖通水、通电、通气、通桥。制定惠台66条实施意见、探索海峡两岸融合发展新路42项措施等。

聚焦"产业优"，全力推动经济发展"高素质"。产业优化升级是高质量发展的重要内容，也是实现高质量发展目标的关键支撑。我们牢记习近平总书记重要要求，实施经济发展"百千万支撑工程"，加快产业发展迈向中高端。突出创新驱动。制定营造有利于创新创业创造的良好发展环境46项措施，实施技术改造专项行动，建立高新技术企业成长加速机制，推动传统行业转型升级和新兴产业加快发展。2012年以来，高新技术企业从1528家增加到3800家，高新技术产业增加值增长近2倍；数字经济规模达1.42万亿元。突出龙头带动。坚持抓龙头、铸链条、建集群，千亿产业集群由5个增加至16个。100多种产品市场占有率进入全国前三，全球每5台工业机器人就有1台产自福建，每4块汽车玻璃就有1块产自福建，每12个人就拥有1双福建产的鞋。突出整体提升。推进现代服务业提速提质，去年新兴服务业行业营收增速普遍在20%以上。加快发展特色现代农业，水产、竹林、水果、畜禽、蔬菜等产业，年产值均超千亿元。

聚焦"百姓富"，全力解决人民群众"心头事"。我们牢固树立以人民为中心的发展思想，着力解决事关人民群众切身利益的"头等大事"和"关键小事"。2012年以来，全省民生支出占一般公共预算支出每年均在70%以上。坚决打赢脱贫攻坚战。我们牢记习近平总书记重要要求，坚持精准扶贫精准脱贫，带着感情和责任做好老区苏区脱贫奔小康工作，现行扶贫标准下的建档立卡贫困人口基本脱贫，"宁德模式"成为全国特色扶贫开发的典范。坚决补齐民生社会事业短板。把稳就业摆在突出位置，城镇登记失业率保持在4%以下。实施补短板工程，加快补齐教育、医疗、养老等民生短板。推进"三医联动"改革，全省医药费用增幅由两位数降至9%左右。坚决打好防范化解重大风险攻坚战。强化底线思维、忧患意识，深入开展平安福建建设、扫黑除恶专项斗争等，保持社会大局稳定。

聚焦"生态美"，全力保持生态环境"高颜值"。生态资源是福建最宝贵的资源，生态优势是福建最具竞争力的优势，生态文明建设也应当是福建最花力气抓的建设。我们牢记习近平总书记重要要求，持之以恒推进习近平总书记当年擘画的"生态省"建设战略。树好绿色发展导向。对全省县（市、区）总数40%的34个县（市、区）及南平、龙岩、三明、宁德4个市和平潭综合实验区，取消GDP硬性考核，把考核重点放在贯彻落实新发展理念、推进生态文明建设和增加城乡居民收入上。创新绿色发展机制。扎实推进首个国家生态文明试验区建设，探索创新全流域上下游生态补偿，生态区位商品林赎买，排污权、碳排放权、用能权、水权交易，绿色金融等制度机制，

22项改革成果全国推广。增进绿色发展福祉。水、大气、生态环境质量常年保持全优,主要河流优良水质比例为96.5%,主要城市空气优良天数比例为98.8%,PM2.5平均浓度近3年分别为28微克/立方米、27微克/立方米、26微克/立方米,一年降一个点。化学需氧量、氨氮、二氧化硫、氮氧化物4项主要污染物排放强度,连续多年保持在全国平均水平的一半以下。

党的建设一刻也不能放松。我们全面落实新时代党的建设总要求,提出"五抓五看""八个坚定不移"等具体部署,以党的政治建设为统领,全面推进党的各方面建设。认真抓好"不忘初心、牢记使命"主题教育,着力打造忠诚干净担当的高素质干部队伍,扎实推进基层党建工作,持之以恒正风肃纪,推进反腐败斗争取得压倒性胜利,引导广大党员干部弘扬习近平总书记在闽工作时倡导的"四下基层""马上就办、真抓实干""滴水穿石"等优良作风,激励新时代新担当新作为,保持了风清气正的良好政治生态。

我们将在以习近平同志为核心的党中央坚强领导下,坚持以习近平新时代中国特色社会主义思想为指导,把"两个维护"作为根本原则和首要任务,永远不忘走过的路、积极远眺前行的路、扎实走好脚下的路,坚守初心、担当使命,努力把新福建宏伟蓝图变成生动现实,为实现"两个一百年"奋斗目标、实现中华民族伟大复兴的中国梦作出更大贡献。

扫码观看
《中国一分钟·福建篇》

(《人民日报》2019年09月02日09版)

奋进新时代　激发新动能　建设新山东

中共山东省委书记　刘家义　山东省人民政府省长　龚正

新中国成立70年来，山东始终在党中央坚强领导下，与时代同步、与祖国同行，经济社会发展取得巨大成就、发生翻天覆地变化。

我们牢记习近平总书记殷切嘱托，深入调研、系统谋划，形成以习近平新时代中国特色社会主义思想为指导，以"走在前列、全面开创"为目标，以新旧动能转换、乡村振兴、海洋强省、三大攻坚战、军民融合、打造对外开放新高地、区域协调发展、重大基础设施建设八大发展战略为支撑，以全面深化改革为保障，以全面从严治党为统领的整体发展格局，各项工作不断取得新进展。

70年栉风沐雨，70年砥砺前行。新中国成立70年来，山东始终在党中央坚强领导下，与时代同步、与祖国同行，经济社会发展取得巨大成就、发生翻天覆地变化。2018年，全省生产总值达到7.65万亿元，按可比价格计算是1952年的344.4倍；地方一般公共预算收入达到6485亿元，是1950年的1473.9倍。

党的十八大以来，习近平总书记多次亲临山东视察，作出一系列重要指示批示，为山东发展指明了前进方向、提供了根本遵循。我们牢记习近平总书记殷切嘱托，深入调研、系统谋划，形成以习近平新时代中国特色社会主义思想为指导，以"走在前列、全面开创"为目标，以新旧动能转换、乡村振兴、海洋强省、三大攻坚战、军民融合、打造对外开放新高地、区域协调发展、重大基础设施建设八大发展战略为支撑，以全面深化改革为保障，以全面从严治党为统领的整体发展格局，各项工作不断取得新进展。

着力加快新旧动能转换，推动经济高质量发展。坚持"腾笼换鸟、凤凰涅槃"，积极创建全国首个新旧动能转换综合试验区。加快改造提升高端化工、现代高效农业、文化创意、精品旅游、现代金融等五大优势传统产业集群，推动地炼、铝业、钢铁整合扎实推进。着力培育壮大新一代信息技术、高端装备、新能源新材料、现代海洋、医养健康等五大新兴产业集群，新动能增加值占GDP比重由2016年的39%提高到2018年的48%。实施海洋强省建设"十大行动"，加快建设世界一流的海洋港口、完善的现代海洋产业体系、绿色可持续的海洋生态环境，海洋生产总值由1991年的不足200亿元增长到2018年的1.55万亿元。加快医养结合示范省建设，国家健康医疗大数据北方中心落户山东，康复大学正式获得批复筹建。大力实施创新驱动发展战略，每年至少拿出100亿元财政资金用于省级大科学计划、大科学平台建设，高新技术产业产值占规上工业总产值比重由2002年的17%提高到2018年的36.9%。

着力实施乡村振兴战略，打造乡村振兴齐鲁样板。按照习近平总书记"五个振兴"的重要指示，统筹谋划，健康有序推进，乡村振兴实现良好开局。打牢产业振兴这个基础，全省粮食总产连续5年稳定在千亿斤以上，粮食产量、水果产量、蔬菜产量、农产品出口分别占全国的8%、11%、12%、22%，销售收入过500万元的农业龙头企业达到9600多家，农民合作社、家庭农场分别达到20.88万家和6.79万家。抓住人才振兴这个关键，强化专业技术人才培训，累计培训高素质农民30多万人。铸牢文化振兴这个灵魂，持续开展乡村文明行动，181个村镇入选全国文明村镇。优化生态振兴这个支撑，扎实推进农村人居环境三年整治，实施"七改"工程，乡村环境持续改善。加强组织振兴这个保障，实施村党组织带头人队伍整体优化提升行动，持续整顿软弱涣散村党组织，乡村组织体系不断健全完善。

着力深化改革扩大开放，持续增强经济社会发展动力活力。坚持以思想解放为先导，以制度创新为核心，以重点领域为突破，推进12个方面51项重点制度创新任务。持续深化"放管服"改革，基本实现"一次办好"事项全覆盖，省级权力事项压减54.4%，全省市场主体总量突破900万户。深度融入"一带一路"建设，扎实推进中国—上合组织地方经贸合作示范区建设，举办儒商大会等一系列活动，全力打造对外开放新高地，对外贸易进出口总额由1980年的300万美元增长到2018年的2923.9亿美元。

着力弘扬优秀传统文化、传承红色基因，激发改革发展的强大精神力量。实施齐鲁优秀传统文化传承创新工程，举办尼山世界文明论坛、国际孔子文化节，在全省中小学全面开设中华优秀传统文化教育课程，建成2.3万余所乡村（社区）儒学讲堂。实施红色基因传承工程，大力弘扬沂蒙精神，推出大型民族歌剧《沂蒙山》、红色舞剧《乳娘》等一批优秀文艺作品，沂蒙党性教育基地累计培训干部32万余人次。积极培育和践行社会主义核心价值观，新时代文明实践中心建设逐步推开。

着力保障和改善民生，不断增强人民获得感幸福感安全感。坚定践行以人民为中心的发展思想，持续加大民生投入，民生支出占财政支出比重提高到79%。全省城镇和农村居民人均可支配收入分别达到39549元、16297元，比1952年增长326倍、270倍。社会事业全面进步，城镇新增就业连续15年过百万，大班额问题基本消除，多层次社会保障体系基本建成。坚决打好脱贫攻坚战，三年累计脱贫251.6万人，基本完成脱贫攻坚任务，60多万黄河滩区居民脱贫迁建工作全面铺开。扎实推进平安山东、法治山东建设，村（社区）级网格化服务管理覆盖率达99.48%，扫黑除恶专项斗争打掉涉黑组织115个、恶势力犯罪集团515个，社会大局保持和谐稳定。

着力加强生态文明建设，加快建设绿色山东、生态山东。认真践行"绿水青山就是金山银山"的理念，坚决打好污染防治攻坚战，2006年至2018年全省万元GDP能耗累计下降47.5%，重污染天数由2013年的60.8天减少到去年的9.9天。积极推进长岛海洋生态文明综合试验区建设、泰山区域山水林田湖草生态保护修复、采煤塌陷区综合治理等生态系统修复工程，治理废弃矿山1200多处，整治修复海岸带200多公里，生态修复海域2000多公顷。

着力加强干部队伍建设，营造风清气正的政治生态。坚定扛起管党治党政治责任，以政治建设为统领，思想建党、纪律强党、制度治党同向发力，推动党内政治生态持续好转。认真落实好干部标准，大胆使用"李云龙式"的干部，推动干部上挂下派、交流任职，开展"万名干部下基层"，让干部在实践中历练成长。坚持不换思想就换人、不负责就问责、不担当就挪位、不作为就撤职，对一批不担当、不作为的干部坚决进行调整。出台关心关爱基层干部、激励干部担当作为等若干政策举措，集中整治形式主义、官僚主义问题，干部干事创业劲头明显增强。

山东70年的辉煌成就，充分彰显了中国共产党领导的巨大政治优势和中国特色社会主义的巨大制度优势。我们一定更加紧密地团结在以习近平同志为核心的党中央周围，以习近平新时代中国特色社会主义思想为指导，进一步增强"四个意识"、坚定"四个自信"、做到"两个维护"，不忘初心、牢记使命，锐意进取、担当作为，奋力谱写新时代现代化强省建设美好篇章，为实现"两个一百年"奋斗目标、实现中华民族伟大复兴的中国梦作出新的更大贡献！

扫码观看
《中国一分钟·山东篇》

（《人民日报》2019年09月03日09版）

光辉的历程
——新中国成立 70 年的成就与启示

深化改革开放　推动高质量发展

中共广东省委书记　李希　广东省人民政府省长　马兴瑞

新中国成立 70 年来特别是改革开放 40 多年来，在党中央坚强领导下，广东这片沃土发生了翻天覆地的历史巨变，成为中华民族从站起来、富起来到强起来的生动缩影。

站在新的历史起点上，我们更加紧密地团结在以习近平同志为核心的党中央周围，以习近平新时代中国特色社会主义思想为指导，不忘初心、牢记使命、接续奋斗，闻鸡起舞、日夜兼程、风雨无阻，奋力创造让世界刮目相看的新的更大奇迹！

新中国成立 70 年来特别是改革开放 40 多年来，在党中央坚强领导下，广东这片沃土发生了翻天覆地的历史巨变，成为中华民族从站起来、富起来到强起来的生动缩影。2018 年全省生产总值跃升到 9.73 万亿元，今年预计可突破 10 万亿元，连续 30 年居全国前列；进出口总额 7.16 万亿元，连续 33 年居全国前列。与此同时，区域创新能力、网上政务服务能力均跃居全国第一，PM2.5 年平均浓度下降到 31 微克/立方米，成为我国经济大省、外贸大省、创新大省和全球重要制造基地。

党的十八大以来，以习近平同志为核心的党中央对广东工作高度重视、亲切关怀、寄予厚望，习近平总书记两次亲临广东视察、两次参加全国两会广东代表团审议、多次作出重要指示批示，为广东改革发展定向导航。习近平总书记参加十三届全国人大一次会议广东代表团审议时，要求广东实现

"四个走在全国前列"、当好"两个重要窗口";去年10月,总书记亲临广东视察,作出深化改革开放、推动高质量发展、提高发展平衡性和协调性、加强党的领导和党的建设等重要指示,总书记还对广州、深圳、珠海、汕头、湛江、清远等地改革发展作出重要指示。我们坚持以习近平新时代中国特色社会主义思想为指导,以总书记对广东重要讲话和重要指示精神统揽工作全局,深入开展"大学习、深调研、真落实",作出"1+1+9"工作部署,以加强党的领导和党的建设为政治保证,以全面深化改革开放为强大动力,突出抓好粤港澳大湾区建设、科技创新强省建设、推动高质量发展、建设现代化经济体系、打好三大攻坚战、实施乡村振兴战略、构建"一核一带一区"区域发展新格局、加快文化强省建设、营造共建共治共享社会治理格局等9项重点任务,弘扬敢闯敢试、敢为人先的改革精神,积极应对中美经贸摩擦带来的影响,有效防范化解重大风险挑战,推动各项事业取得新进展新成效,把增强"四个意识"、坚定"四个自信"、做到"两个维护"扎扎实实体现在办好广东的事情、坚守好广东社会大局稳定等各项工作上。

举全省之力推进粤港澳大湾区建设,深化改革开放取得新的重要进展。建设粤港澳大湾区,是习近平总书记亲自谋划、亲自部署、亲自推动的重大国家战略。我们把粤港澳大湾区建设作为新时代广东改革开放的"纲",全面准确贯彻"一国两制"方针,全力支持港澳保持长期繁荣稳定,笃定心志、扎实推进,携手港澳推动国际科技创新中心加快建设,港珠澳大桥、广深港高铁顺利开通运营,出入境签注、人才落户等35项便民新举措落地实施,大湾区"虹吸效应"初步显现。遵循中央顶层设计,推进"数字政府"等18项重点领域、关键环节改革,一揽子推出13项创造型引领型改革举措,营商环境持续改善,市场主体数量突破1100万户。加快构建全面开放新格局,深入拓展与欧盟、日韩和东盟、非洲、太平洋岛国等"一带一路"沿线国家和地区合作,着力把广州南沙、深圳前海、珠海横琴自贸试验片区打造成高水平对外开放门户枢纽,对"一带一路"市场进出口占比由2012年的16.5%提高到2018年的22.5%。

坚定不移推进创新驱动和高质量发展，现代产业体系建设取得新的重要进展。贯彻新发展理念，扭住供给侧结构性改革主线，加快构建以创新为战略支撑的现代产业体系。坚持独立自主、自主创新，实施九大重点领域研发计划，集中力量解决"卡脖子"问题，研发经费支出、高技术企业数量、PCT国际专利受理量均居全国第一，成长出华为、腾讯、美的、格力等一批世界级创新型企业。坚持制造业高质量发展，制定"实体经济十条""民营经济十条"等政策措施，做实产业链、优化价值链，先进制造业和高技术制造业增加值占比分别提高到56.4%和31.5%。坚持绿水青山就是金山银山，打好污染防治攻坚战，筑牢粤北生态屏障。

强力推进城乡区域协调发展，提高发展平衡性协调性取得新的重要进展。深入实施乡村振兴战略，省级财政计划10年新增投入1600亿元，全域推进"千村示范、万村整治""一村一品、一镇一业"发展富民兴村产业，实施"粤菜师傅"和"南粤家政"工程，今年将完成所有行政村人居环境基础整治。加快构建"一核一带一区"区域发展新格局，珠三角核心区加快优化发展，人均地区生产总值超过13万元，沿海经济带集聚了装备制造、绿色石化、新能源等一批大项目、好项目，北部生态发展区坚持绿色发展，着力建设粤港澳大湾区的"菜篮子""果盘子""米袋子"和"后花园""康养地"。大力支持老区苏区振兴发展和少数民族地区加快高质量发展，今明两年新增安排303亿元财政资金投入。坚持物质文明和精神文明两手抓，文化强省建设扎实推进，为改革发展凝聚起强大精神力量。

扎实推进民生社会事业发展，保障和改善民生取得新的重要进展。坚定践行以人民为中心的发展思想，每年办好十件民生实事，2018年民生类支出占比达68.7%。坚持从群众的操心事、烦心事、揪心事入手，出台"稳就业九条"，推进教育强省建设，实施高水平医院建设"登峰计划"和基层医疗卫生服务能力建设三年提升工程，养老保险、工伤保险实现省级统筹。坚决打好脱贫攻坚战，2016年以来150万省定相对贫困人口实现脱贫，今年将基本完成脱贫任务。深入推进平安广东、法治广东建设，扎实开展扫黑除恶专项斗争,对畅顺春运、平安高考、安全生产等作出具体安排,有效防御强台风等重大自然灾害,努力建设全国最安全稳定、最公平公正、法治环境最好地区之一。

深入推进全面从严治党,政治生态建设取得新的重要进展。把加强党的领导和党的建设作为新时代广东开创工作新局面的根本保证,把政治建设摆在首位,坚决全面彻底肃清李嘉、万庆良恶劣影响,开展圈子文化、官商勾结问题专项整治,推动全省党员干部增强"四个意识"、坚定"四个自信"、做到"两个维护"。坚持把学习贯彻习近平新时代中国特色社会主义思想作为首要政治任务,深入开展"不忘初心、牢记使命"主题教育,不断提高运用习近平新时代中国特色社会主义思想蕴含的世界观方法论办好广东事情的能力。旗帜鲜明开展意识形态斗争,坚决守好意识形态安全"南大门"。坚持正确用人导向,打造忠诚干净担当的高素质干部队伍。深入实施基层党组织建设三年行动计划和村党支部书记"头雁"工程,打造坚强战斗堡垒。坚持正风肃纪反腐,下大力气整治形式主义、官僚主义,不断巩固发展反腐败斗争压倒性胜利。

站在新的历史起点上,我们更加紧密地团结在以习近平同志为核心的党中央周围,以习近平新时代中国特色社会主义思想为指导,不忘初心、牢记使命、接续奋斗,闻鸡起舞、日夜兼程、风雨无阻,奋力创造让世界刮目相看的新的更大奇迹!

扫码观看
《中国一分钟·广东篇》

(《人民日报》2019年09月04日09版)

光辉的历程
——新中国成立70年的成就与启示

争创新时代中国特色社会主义生动范例

中共海南省委书记　刘赐贵　　海南省人民政府省长　沈晓明

海南省委、省政府将团结带领全省人民以"时不我待，只争朝夕"的紧迫感，坚定贯彻落实党中央重大决策部署和习近平总书记重要讲话、重要指示批示精神，在决胜全面建成小康社会、夺取新时代中国特色社会主义伟大胜利、实现中华民族伟大复兴中国梦的新征程上，努力创造无愧于新时代的新业绩！

新中国成立70年来，在党中央的坚强领导下，近代以来久经磨难的中华民族迎来了从站起来、富起来到强起来的伟大飞跃。伴随着这一伟大飞跃，特别是1988年4月海南建省办经济特区以来，琼州大地实现了从封闭落后的边陲海岛到我国改革开放的重要窗口、从百废待兴到百业兴旺、从绝对贫困到决胜全面小康、从生产生活方式粗放到生态环境质量持续保持全国一流的历史性巨变。2018年海南地区生产总值、地方一般公共预算收入与1987年相比分别增长23.1倍、253.3倍，城乡居民人均可支配收入分别增长32.8倍、26.9倍。

党的十八大以来，以习近平同志为核心的党中央对海南发展高度重视、寄予厚望。习近平总书记2013年视察海南时，要求加快建设经济繁荣、社会文明、生态宜居、人民幸福的美好新海南；2018年4月出席庆祝海南建省办经济特区30周年大会并发表重要讲话，亲自谋划、亲自部署、亲自推动，赋予海南全面深化改革开放、全岛建设自由贸易试验区和探索建设中国特色自由贸易港的重大使命，为海南发展指明了前进方向、提供了根本遵循，激发了全省人民空前奋斗激情。全省上下大力弘扬敢闯敢试、敢为人先、埋头苦干的特区精神，以"一天当三天用"的干劲推动落实党中央重大决策部署和习近平总书记重要讲话、重要指示批示精神，一个充满生机与活力的新海南正展现在世人面前。

全面深化改革开放实现新突破。率先开展省域"多规合一"改革，"六个试行"极简审批做法被国务院列入地方优化营商环境典型做法。中央支持海南全面深化改革开放的"1+N"政策体系陆续确立并全力落实，以制度创新为核心推进自由贸易试验区建设，形成商事登记"全省通办"等42项成果，海南自由贸易港法正式提上国家立法日程。博鳌亚洲论坛年会、澜湄会议、中非合作圆桌会议等成功举办。入境免签、离岛免税等政策放宽，发展开放度明显提升，2018年新设外资企业、实际利用外资、进出口总值分别增长85.6%、112.7%、20.8%。

经济高质量发展取得新成效。以壮士断腕决心破除"房地产依赖症"，培育壮大旅游、热带特色高效农业、互联网、医疗健康、海洋等重点产业。三次产业比重从2012年的24.3∶25.8∶49.9优化到2018年的20.7∶22.7∶56.6。与此同时，光、电、路、气、水"五网"现代化基础设施日臻完善，环岛高铁贯通、5G网络试点、全域智能电网示范省、"丰"字形高速公路网、气网环岛主干网及水利设施加快建设，为经济发展提供有力支撑。

生态文明建设收获新成果。统筹推进生态环境六大专项整治、海岸带整治和农村人居环境整治。近年森林覆盖率稳定在62.1%以上，环境空气质量优良率约99%，河湖库和近海海域等生态环境质量持续保持全国一流水平。

人民生活水平得到新提升。把财政支出的70%以上投入民生，全面推进在每个市县至少各建设一所省级水平中学、小学、幼儿园及医院，城镇登记失业率保持在2.3%的低位。选派覆盖全省所有乡镇和村的乡村振兴工作队，全力推动脱贫攻坚和乡村振兴，所有国定贫困县和贫困人口今年将摘帽出列。

全面从严治党展现新气象。扎实开展"不忘初心、牢记使命"主题教育和"勇当先锋、做好表率"专题活动，持续正风反腐肃纪。5年连续开展投资项目百日大会战、服务社会投资百日大行动、百日大研讨大行动、百日大招商、"确保全省经济持续健康发展、确保改革开放各项政策全面落实"百日大行动，集中攻坚克难，激励担当作为。抓住千载难逢的历史机遇，坚决贯彻习近平总书记重要讲话、重要指示批示精神，成为全省高度共识和共同行动。

回顾过去，成就令人振奋；展望未来，使命催人奋进。在以习近平同志为核心的党中央团结带领全国人民实现"两个一百年"奋斗目标和中华民族伟大复兴中国梦的新长征路上，海南将以习近平新时代中国特色社会主义思想为指导，坚定不移贯彻落实习近平总书记"4·13"重要讲话和中央12号文件精神，努力让海南成为新时代全面深化改革开放的新标杆，争创新时代中国特色社会主义生动范例，成为展示中国风范、中国气派、中国形象的靓丽名片。

坚定不移加强党的全面领导，确保全面深化改革开放正确方向。学懂弄通做实习近平新时代中国特色社会主义思想特别是习近平总书记对海南工作的重要讲话和重要指示批示精神，深入开展"不忘初心、牢记使命"主题教育，自觉站在党和国家大局上想问题、办事情，以全面推动政策落实的实际行动，体现增强"四个意识"、坚定"四个自信"、做到"两个维护"。

坚定不移落实开放为先战略，加快形成更高层次开放新格局。高标准高质量建设自由贸易试验区，全面推进各领域制度创新，对标世界最高水平开放形态，加快探索建设海南自由贸易港进程，建设四小时八小时飞行经济圈和国际陆海贸易新通道的新支点，打造我国面向太平洋和印度洋的重要对外开放门户。

坚定不移站在更高起点谋划和推进改革，不断解放和发展社会生产力。以更大力度深化"多规合一"改革，确保"全省一盘棋、全岛同城化"和"一张蓝图干到底"。将"六个试行"极简审批依法推广到全省重点园区。对纳入省级统一实施的行政许可事项推行全省"一网通办"，实现群众"一次都不跑"或"最多跑一次"，以群众的满意度检验改革的新成效。

坚定不移贯彻新发展理念，力争在推动经济高质量发展方面走在全国前列。以旅游业、现代服务业、高新技术产业为主导，做优做强12个重点产业，引进世界领先的高端产业项目，决不"捡进篮子都是菜"，以旅游消费年活动带动国际旅游消费中心建设。科学规划推动产业园区高质量发展，打造有突出成效的"亮点"和做大流量的"量点"。加快"五网"基础设施提质升级和南繁、深海、航天三大科技城建设。

坚定不移践行绿水青山就是金山银山理念，打造中华民族的四季花园。加快推进国家生态文明试验区建设和热带雨林国家公园体制试点，深入实施生态环境六大专项整治和农村人居环境整治，所有新上项目都不允许对生态环境形成增量压力，确保生态环境只能更好、不能变差，建设生态环境世界领先的自由贸易港。

坚定不移落实以人民为中心的发展思想，让改革发展成果更多更公平惠及人民。不断加强和改善民生，实现幼有善育、学有优教、劳有厚得、病有良医、老有颐养、住有宜居、弱有众扶。把补齐"三农"和民生短板作为建设自由贸易试验区和中国特色自由贸易港的重要前提和底线目标，统筹推进脱贫攻坚和乡村振兴，把占全省80%土地、60%户籍人口的广阔农村好好发展起来，实现城乡融合发展、人民共同富裕。

70年来的风雨历程和新时代的伟大实践表明，历史从不眷顾因循守旧、满足现状者，机遇属于勇于创新、永不自满者。海南省委、省政府将团结带领全省人民以"时不我待，只争朝夕"的紧迫感，坚定贯彻落实党中央重大决策部署和习近平总书记重要讲话、重要指示批示精神，在决胜全面建成小康社会、夺取新时代中国特色社会主义伟大胜利、实现中华民族伟大复兴中国梦的新征程上，努力创造无愧于新时代的新业绩！

扫码观看
《中国一分钟·海南篇》

(《人民日报》2019年09月05日 09版)